GUÍA DEL MEDIUM EN ESPAÑOL

Cómo Desarrollar tus Habilidades de Medium con Ejercicios para la Clarividencia, Conexiones Extra Sensoriales y más

BLAKE HOZ

© **Copyright 2021 – Blake Hoz - Todos los derechos reservados.**

Este documento está orientado a proporcionar información exacta y confiable con respecto al tema tratado. La publicación se vende con la idea de que el editor no tiene la obligación de prestar servicios oficialmente autorizados o de otro modo calificados. Si es necesario un consejo legal o profesional, se debe consultar con un individuo practicado en la profesión.

- Tomado de una Declaración de Principios que fue aceptada y aprobada por unanimidad por un Comité del Colegio de Abogados de Estados Unidos y un Comité de Editores y Asociaciones.

De ninguna manera es legal reproducir, duplicar o transmitir cualquier parte de este documento en forma electrónica o impresa.

La grabación de esta publicación está estrictamente prohibida y no se permite el almacenamiento de este documento a menos que cuente con el permiso por escrito del editor. Todos los derechos reservados.

La información provista en este documento es considerada veraz y coherente, en el sentido de que cualquier responsabilidad, en términos de falta de atención o de otro tipo, por el uso o abuso de cualquier política, proceso o dirección contenida en el mismo, es responsabilidad absoluta y exclusiva del lector receptor. Bajo ninguna circunstancia se responsabilizará legalmente al editor por cualquier reparación, daño o pérdida monetaria como consecuencia de la información contenida en este documento, ya sea directa o indirectamente.

Los autores respectivos poseen todos los derechos de autor que no pertenecen al editor.

La información contenida en este documento se ofrece únicamente con fines informativos, y es universal como tal. La presentación de la información se realiza sin contrato y sin ningún tipo de garantía endosada.

El uso de marcas comerciales en este documento carece de consentimiento, y la publicación de la marca comercial no tiene ni el permiso ni el respaldo del propietario de la misma.

Todas las marcas comerciales dentro de este libro se usan solo para fines de aclaración y pertenecen a sus propietarios, quienes no están relacionados con este documento.

Índice

Introducción	vii
1. Qué es la mediumnidad	1
2. Formas en las que un médium recibe información	21
3. Sanación	47
4. Contactar y comunicarte con tus guías espirituales	59
5. Sentarse en silencio para experimentar el vacío	77
6. Crear tu propia biblioteca de espíritus	97
7. Fomentar la confianza con los espíritus	101
8. Crear límites espirituales	109
9. Mediumnidad de trance	115
10. Utilizar herramientas en tu práctica de mediumnidad	123
11. Decodificarte a ti mismo para ser más fuerte	133
12. Mejorar tu conexión con una alimentación saludable	141
13. Beneficios de los dones psíquicos y espirituales	147
Conclusión	159

Introducción

La mediumnidad es parte de la psíquica, pero es una de las ramas más complejas ya que tiene muchas variaciones.

Es una habilidad muy rara que pocas personas poseen de manera innata. Esta rama se encuentra muy conectada con el más allá y usualmente requiere de una guía espiritual.

Al ser parte de la psíquica, muchas personas suelen confundir la mediumnidad con las otras habilidades psíquicas como la telepatía, por ejemplo. Si bien un psíquico es alguien que tiene sentidos internos muy fuertes, es decir, que no tienen un estímulo físico, el médium va más allá de esto, ya que tiene una dimensión adicional al entrar en contacto con los espíritus.

Para los médiums es necesario tener uno o varios guías espirituales, a diferencia de las otras habilidades psíquicas que se pueden realizar de forma individual. Esto hace que, aparte

Introducción

de ser una actividad con la que se puede ayudar a otras personas, e incluso obtener ganancias lucrativas, también es una relación íntima y personal con otros seres espirituales.

Es esta relación lo que puede explicar mejor la habilidad de la mediumnidad. Una persona que es un médium actúa como un transmisor que comunica mensajes entre los espíritus y los humanos. No todos los mensajes son verbales, ya que también se pueden presentar como adivinación, visiones, escritura automática y otras tantas formas de comunicación que exploraremos en este libro.

Algo fundamental para recordar y considerar es que el médium no es el origen del mensaje, sino que únicamente es el mensajero.

Algunas de las personas más famosas en estos procedimientos espirituales son las hermanas Kate y Maggie Fox, quienes eran famosas por sus movimientos de vibraciones y golpeteos sobre la mesa cuando proporcionaban lecturas espirituales. Durante el siglo XIX, las hermanas Fox compartieron su experiencia con la comunicación espiritual.

Ellas fueron quienes inventaron la forma de comunicación en la que se golpea una vez para decir que sí y dos veces para decir que no en las investigaciones paranormales.

Los golpeteos pueden ser suaves o muy ruidosos cuando se escuchan. Esta es la forma con la que se comunican los espíritus durante la mediumnidad física. Los golpeteos son cuando puedes golpear en la pared para comunicarte con un espíritu y el espíritu golpea la pared para contestarte.

Las hermanas Fox se volvieron tan populares hasta el punto de ser muy problemático. Tuvieron que decirle a todo el mundo que habían inventado lo de los golpeteos y que ellas mismas los hacían; si bien no era cierto, querían que las dejaran en paz.

Otro médium famoso fue el gran clarividente Edgar Cayce, quien aprendió a canalizar a su propio ser elevado y otros espíritus. La clarividencia, como ya exploraremos más a fondo en los próximos capítulos, es la habilidad para conectar con el mundo espiritual por medio del don de la vista. Se utiliza la conexión con el tercer ojo para mirar el mundo espiritual. Puede sonar increíble, pero es una de las habilidades psíquicas más comunes que existen. Edgar Cayce también podía experimentar la mediumnidad de trance.

Es importante escuchar sobre las experiencias de otros médiums, ya que esto te puede ayudar a identificar si tienes estos dones. Si crees que tienes un don para la mediumnidad, puedes leer las páginas de este libro para saber de qué se trata y cómo desarrollar esta habilidad.

Comunicarse con los espíritus no es algo que debe verse como tenebroso u oscuro, pues frecuentemente tienen mensajes para ayudar a sus seres queridos que aún siguen con vida.

1

Qué es la mediumnidad

Un médium, o un medio, es una persona que entrega un mensaje. Si tuviera un mensaje para tu amigo y te dijera el mensaje para comunicárselo, eso te hace un médium.

Lo mismo es para la mediumnidad. La única diferencia es que un médium transmite un mensaje para aquellos seres en el mundo espiritual. El médium aprende a identificar la diferencia entre sus propios pensamientos y aquellos que llegan del mundo espiritual. Los espíritus hablan utilizando energía para hablar por medio de sus sentidos.

Puedes pensar que la mediumnidad es como un puente de energía entre el mundo físico y el mundo espiritual.

. . .

Un médium es un psíquico, pero no todos los psíquicos son médiums

Un psíquico es alguien que utiliza sus habilidades de clarividencia, clarisentencia o clariaudiencia para proporcionar lecturas intuitivas. Un psíquico puede realizar estas lecturas al sintonizar con el campo de energía del cliente.

Esto le ayuda al psíquico a ser capaz de dar información certera para ayudar al cliente en su viaje personal. Leer el campo de energía de una persona no es lo mismo que hablar con alguien del mundo espiritual. Muchos psíquicos tienen habilidades de médium, pero eligen no desarrollarlas por razones personales.

Puedes escuchar a algunos médiums decir que la única función de un médium es hablar con los muertos, pero creo que este es sólo un aspecto de todo lo que abarca.

Los médiums también pueden canalizar mensajes de seres elevados. Suele pasar que el médium simplemente esté hablando con alguien y recibe un mensaje para comunicar a la persona.

. . .

Algunas veces te puedes dar cuenta tú mismo y otras veces lo notas por la cara que ponen las personas con las que estás hablando. Suele ser un gesto de asombro o incredulidad. En esos momentos, le pido a la persona que me diga lo que le acabo de decir. Cuando adquieres la experiencia necesaria, te llenan los espíritus y confías en que ellos te van a permitir decir lo que necesitan.

Un canal es alguien que puede acceder a los reinos elevados y comunicar los mensajes que vienen de los maestros profesionales ascendidos, los guías espirituales, los arcángeles e incluso del ser elevado. Los médiums canalizan información para el bien del mundo.

Existen diferentes niveles de mediumnidad. Esa es una de las razones por las que es importante tener un círculo de desarrollo para practicar el desarrollo de la mediumnidad.

En un círculo de desarrollo estás rodeado de otros tipos de médiums.

Compartes tus experiencias con el grupo y los miembros del grupo apoyan tu desarrollo.
    Beneficios de la mediumnidad

. . .

Revelación

La revelación ayuda a proporcionar la verdad espiritual sobre lo divino, la inmortalidad de mortalidad del alma, las leyes universales, la conciencia continua del espíritu y proporciona prueba de la vida después de la muerte. Esto ayuda a deshacerse de las dudas porque ahora tenemos pruebas. Así es como se experimenta la vida de un medio.

En realidad, las leyes universales del hermetismo se encuentran todas en el libro Kybalión. Si tienes la capacidad de comunicarte con los espíritus, ellos te pueden hablar sobre las leyes, aunque no es la única forma de conocer sobre ellas.

Curación

Sirve para proporcionar pruebas de la vida después de la muerte a una persona en que está padeciendo la pérdida de un ser querido.

Al proporcionar una lectura de la mediumnidad, los médiums suelen dejar la religión y la filosofía de lado porque el médium solamente está transmitiendo mensajes sobre el mundo de los espíritus y su conexión con nosotros, los vivos.

Cuando tienes muchos espíritus que te ayudan, te pueden llegar advertir de problemas de salud que puedas padecer tú o personas cercanas a ti. Incluso puede ser que en los círculos de mediumnidad con un equipo de médiums, uno de ellos te puede proporcionar información cuando se la comunica con espíritu.

Karma

Existen espíritus que antes de nacer eligen volverse médiums para lograr balancear la deuda kármica de vidas pasadas. La creencia es que el karma se balancea porque los médiums viven al servicio de otras personas de forma compasiva. Por lo tanto, la persona que está ayudando a aumentar la conciencia global en vez del daño.

Aunque es posible conocer personas que no creen en el karma.

Mediumnidad mental

La forma más común de mediumnidad que se utilicen en el mundo en la actualidad es la mediumnidad mental, también conocida como mediumnidad probatoria. Se puede realizar la mediumnidad mental en una conversación activa con un espíritu. No hay necesidad de entrar en trance para comunicarse con el espíritu. Este es el tipo de mediumnidad que más se ve en la televisión y en medios de comunicación. Esta forma de mediumnidad no genera ectoplasma, mensajes con trompetas o divisiones.

La única evidencia que se puede producir son hechos directos y en un lenguaje que puede comprender médium.

Mediumnidad física

Se puede considerar que este tipo de mediumnidad es más espectacular. Cuando acudes a una demostración de mediumnidad física, sabes que estás ahí para atestiguar manifestaciones físicas con tus propios ojos. La mediumnidad física se practica por medio del trance profundo.

Los médiums en trance profundo pueden producir fenómenos físicos. Fenómenos que otras personas pueden sentir y ver. Estos pueden manifestarse como ectoplasma, viento, sonidos de golpeteos y voces descarnadas. La mediumnidad física puede ser muy agotadora, por lo que no se practica mucho en la actualidad. La más grande evidencia de un médium físico es ser capaz de producir una aparición. Para la mayoría de los médiums, hacen falta años para desarrollar la mediumnidad física. Existe una diferencia entre un médium en trance y un médium físico. Un médium físico entra en un nivel de trance profundo, mientras que el médium en trance puede no producir siempre fenómenos físicos.

Experiencias

Existen personas que nacen con su percepción aguda ya abierta. Puede ser difícil de comprender al inicio. Muchas personas creen que los niños simplemente juegan con seres imaginarios y que no comprenden el mundo. Pero hay niños que crecen pensando que ver a los espíritus es algo normal, aunque no saben que son espíritus.

Conforme crezca este niño, puede ser difícil para él o ella encontrar respuestas adecuadas.

También existen las personas que naturalmente son capaces de detectar las energías de los demás, un empático. Esto significa que puede sentir las emociones y energías de los demás con mucha facilidad, hasta el punto de sentirlas como propias.

Unos, especialmente de familiares cercanos que pueden llegar a comunicarse telepáticamente. No necesariamente son palabras literales, sino que pueden ser sensaciones y pensamientos que se transmiten el uno al otro. También puede manifestarse como saber lo que dirá la otra persona antes de que lo diga.

Estas personas pueden llegar a sentirse desamparadas si no reciben los conocimientos y la ayuda adecuadas. Creen que no pueden hacer nada respecto a lo que sienten y que no tienen el control.

Todas las personas en este mundo nacen con dones únicos y habilidades que les ayudan a crecer y a desarrollarse como un alma en este mundo. Cualquiera puede experimentar fenómenos sobrenaturales de todo tipo.

Algunas personas nacen con el tercer ojo abierto y otras con el tercer ojo parcialmente abierto. Depende de la experiencia personal y los dones heredados de las vidas pasadas.

Al inicio, puede ser difícil de comprender o explicar lo que sucede hasta que las experiencias se vuelven más intensas. Así es como los niños pequeños que ven espíritus no pueden distinguir si una persona está viva o muerta.

Si este es el caso, puedes aprender a cerrarte a la experiencia al canalizar la energía de otra fuente, como la música, para crear un escudo de vibraciones. Muchas veces, lo desconocido puede dar miedo y es mejor escudarse hasta que aprendas a controlarlo.

Por ejemplo, se pueden tener visiones en forma de sueños al dormir, y también se pueden tener cuando se está despierto. Pueden ser personas desconocidas o familiares que te hablan y te proporcionan mensajes.

Pueden ser maestros espirituales, ángeles o seres elevados.

Es completamente normal que, al inicio, al no comprender lo que sucede, la persona puede cerrarse a la experiencia o luchar contra ella hasta no haber obtenido pruebas de que es una experiencia diferente a la de los demás.

Uno de los mejores consejos para mejorar y comprender las habilidades es llevar un diario. Puedes escribir lo que sueñas y de lo que experimentas para analizar los símbolos y los mensajes que recibes para luego interpretarlos. Esto también ayudará a mejorar la habilidad y dominarla con la práctica.

Algunas experiencias espirituales se pueden considerar inspiración, mientras que otros lo llaman revelación de conocimiento. Se trata de acceder a la inteligencia elevada del mundo espiritual. A la mente del ego le gusta separarse y buscar cosas que pueda calificar como buenas o malas. La consciencia elevada no es de esta manera. En la consciencia elevada sólo hay amor, sanación y entereza.

Ser un médium significa ser el mensajero y testigo de los espíritus, poder experimentar este conocimiento sobrenatural y sentir las experiencias como si fueran propias.

Algunas veces, los mensajes pueden ser para ti y otras veces son para otra persona. Por supuesto, también es una gran responsabilidad.

Algunas personas dicen que son mensajes del cosmos, del universo, de los espíritus o de Dios. De todas maneras, es canalización o mediumnidad. Cuando estos poderes te piden que entregues un mensaje de los difuntos a sus seres amados, o es un mensaje de una inteligencia elevada, sigue siendo mediumnidad. Se trata de transmitir un mensaje a alguien que necesita escucharlo.

La mediumnidad es una oportunidad para conectar a las personas con sus seres amados que ya han fallecido y ayudarles en su proceso de sanación de duelo. Existen muchas personas que pueden recibir una gran cantidad de sanación si tan sólo intentarán contactar con un médium. Existen muchas personas que acuden a los medios sólo para ver si se trata de un engaño o no. Este tipo de mentalidad puede bloquear los caminos a la sanación porque las personas simplemente no desean liberar el control.

Los espíritus pueden ver más allá de lo que nosotros vemos y atienden las necesidades de los clientes.

Puedes tener las pruebas necesarias, pero a veces simplemente es mejor simplemente aparecer listo para ver lo que pasará. Puede haber sensaciones de miedo que bloquean los caminos.

Si eres un médium profesional, puedes hacer bromas con el cliente para que se relaje y permita la lectura. Las personas a veces no saben qué pensar o qué esperar cuando acuden a una lectura. Se trata de romper el hielo y hacer que la persona se sienta cómoda. No tienes que estar nervioso.

La mediumnidad es una oportunidad para conocerse a sí mismo y para mostrar a otros que hay vida después de la muerte y que existen otros mundos. La preparación es importante, en especial cuando se sintoniza con otra persona. Lo mejor es quedarse con las personas que tienen una mente abierta a estas prácticas. Esto se debe a que la energía que rodea a las personas importa mucho en la lectura. Cuando una persona se da cuenta de que es una médium, esta persona manda una señal de energía al mundo espiritual. Se vuelve como un faro y las almas que han estado aprendiendo a comunicarse se reúnen para comunicarse con sus seres amados.

Subcategorías de mediumnidad

Estas son las más comunes entre las categorías de mediumnidad.

Médium de golpeteos

Una persona que indirectamente puede producir ruidos, golpeteos o golpes. Ya sea voluntario o involuntario, este rasgo se encuentra comúnmente en los médiums físicos.

Para realizar un ejercicio de este tipo de mediumnidad necesitas una vela blanca (en especial si no te gusta la oscuridad), cerillos o encendedor, papel y pluma, establecer una intención y pronunciar una oración de protección.

La oración es la siguiente: "Dios padre, te agradezco por esta oportunidad en la que me permites comunicarme con el mundo no visible. Por favor, rodéame con un círculo blanco de protección durante este ejercicio.

. . .

Sólo permite que los espíritus de las vibraciones elevadas y amor se comuniquen conmigo, a menos que quieras que contacten con espíritus terrenales. Gracias por mantenerme a salvo de todo daño, de todo mal y del peligro. Así sea. Amén".

Puedes utilizar esta oración o hacer una tú mismo. Lo mejor es establecer una intención y decir una oración de amor antes de cada ejercicio de desarrollo.

Un ejercicio de mediumnidad física de un nivel principiante es el siguiente:

- Di en voz alta "golpea dos veces para sí y una vez para no".
- Golpea sobre la mesa o en la pared para presentar este patrón de comunicación espiritual.
- Respira profundamente tres veces mientras te relajas y aterrizas.
- Di en voz alta "golpea dos veces para sí". Luego golpea dos veces y respira profundamente.
- Luego di, "golpea una vez para no". Golpea una vez en la mesa y respira profundamente.
- Realiza una pregunta en tu mente o en voz alta. Espera una respuesta.
- Si escuchas un golpe de forma inmediata, quizás ya hayas hecho esto antes en otra vida. Si no

escuchas nada, entonces solamente se trata de desarrollarlo con el tiempo.
- Si llegas a hacer contacto, continúa con este estilo de comunicación espiritual de pregunta y respuesta.
- Si no llegas a hacer contacto, no te preocupes. Registra el tiempo que utilizas en estas experiencias antes de cerrar el círculo.
- Cuando cierres el círculo, agradece a todos por acudir en tu ayuda y hacer posible ese momento de práctica. Tienes que hacer esto aunque no hayas logrado hacer contacto. Esto establece respeto por el mundo espiritual.

Médium de trance

Esto se puede experimentar de dos maneras. Existe un trance en el que la persona se encuentra en un estado pasivamente alterado como la meditación y otro en el que la persona se encuentra en un trance profundo.

Esta persona se puede conectar con un espíritu llamado guía de control, cuya función es ser un guardaespaldas para la médium. Este guardaespaldas sigue las reglas que estableces para cuando permites que los espíritus hablen a través de ti.

Hablaremos de estos un poco más en los siguientes capítulos.

Médium que produce alucinaciones

Este es otro tipo de mediumnidad física de trance. Esta persona puede cambiar su rostro al rostro del difunto gracias al ectoplasma de varias partes del cuerpo.

Esto hace que ocurran apariciones y manifestaciones visibles.

Por lo general, cuando un médium físico tiene una de estas experiencias, suele haber un médium supervisando para ayudar después al médium físico.

Este tipo requiere mucha energía y la persona suele necesitar descanso después.

Médium de rescate

Un médium que tiene las habilidades para ver y para comunicarse con los espíritus terrenales. Estos son los espíritus que no han cruzado al más allá por muchas razones. Eligen caminar sobre la tierra. Un médium de rescate ayuda a estos espíritus a cruzar al plano astral al ayudar al espíritu a cruzar hacia la luz. Esta forma es popular en los programas de televisión.

Médium de voz directa y que produce efectos musicales

Estos son dos tipos de mediumnidad física. El médium de voz directa es capaz de producir voces audibles en la habitación sin siquiera mover los labios. Algunos pueden producir hermosa música al simplemente permitir que un espíritu utilice sus cuerdas vocales.

Cuando una persona se da cuenta por primera vez de que es un médium, es el escéptico más grande. Darse cuenta de que puedes comunicarte con diferentes mundos y existir en el mundo físico al mismo tiempo es una realidad que te cambia la vida.

Cuando un médium se da cuenta por primera vez de que es un médium, cada lectura y cada forma de comunicación con los espíritus se vuelve una prueba científica para saber cómo es posible. El médium tiene que superarse primero a sí mismo y aceptar la realidad. Te puede costar trabajo y algo de tiempo, no siempre es fácil prepararse de forma adecuada. Recuerda que no se trata de ti, así que relájate.

...

Puedes prestar más atención a tus experiencias y tomarlas en serio. Considera tu rol como médium y valora tus habilidades. Recuerda que tu papel es ayudar a comunicar a las personas terrenales con el mundo espiritual.

Puedes considerar que eres una entrada al mundo espiritual. Así que no te preocupes mucho, tu responsabilidad es canalizar la energía y ayudar a sanar a las personas aliviando su carga espiritual. Esto puede llegar a afectar enormemente tu vida y tu camino.

Existen muchas películas que plantean la mediumnidad como algo que da miedo. No te dejes engañar por qué no es información que se pueda considerar acertada. Este tipo de cosas crean bloqueos en las personas y así no pueden acceder a la conciencia profunda de la sanación.

Las películas pueden hacer parecer que las habilidades de mediumnidad son muy peligrosas al entrar en contacto con espíritus malignos.

Claro que se puede, pero, por lo general, los médiums ayudan a conectar con los espíritus de los muertos con propósitos de sanación. Se trata de un proceso de amor y sanación que no debe de dar miedo.

...

Existen muchas películas y programas de televisión que representan a los médiums como personas malvadas o que intentan aprovecharse de las energías negativas de formas malignas. Este libro no es nada parecido a esas películas.

La mediumnidad es un regalo para el universo. Las personas ya no tienen que soñar con que hablan con sus seres amados. La mediumnidad es otro camino hacia la sanación. Sanación para los espíritus con asuntos inconclusos y sanación para las personas que se quedaron atrás.

Esta sanación es necesaria para eliminar en todo el mundo el miedo a lo desconocido.

Algunas personas eligen fomentar este miedo, pero este libro tiene el objetivo de enseñar que la mediumnidad es amor.

Piensa en las distintas razones por las que no quisieras ir al más allá, eso te ayudará a comprender la razón por la que algunos espíritus no quieren cruzar. Existen espíritus arraigados a la tierra que eligen que darse por muchas razones. Una de ellas puede ser el miedo a ir al infierno.

Miedo a que los seres amados no estén bien. Y luego están aquellos que no se han dado cuenta de que han muerto.

Esto no sólo ocurre en el mundo espiritual, sino que también ocurre en el mundo físico. Personas que se han vuelto muertos vivientes. Algunas personas pierden la esperanza, la fe y el amor porque un ser amado ha muerto. La mediumnidad sirve para ayudar a sanar de esa alma. Como una inyección de energía de emergencia para el chakra del corazón, para que esa alma vuelva a despertar su propósito. Existe el dicho de que el tiempo cura todas las heridas, pero no siempre sucede así. Perder un ser amado se puede sentir como que tu corazón se ha detenido. Así sigue la persona y se acostumbra a que su ser ya amado no está cerca. Algunas personas nunca se acostumbran a la pérdida que han experimentado.

En estos tiempos tan difíciles que nos ha tocado vivir, muchas personas han perdido a sus seres amados. La mediumnidad es el puente que proporciona la sanación.

Tienes que preguntarte si estás listo para curar estas heridas.

2

Formas en las que un médium recibe información

Un médium es un psíquico, pero no todos los psíquicos son médiums. Un médium utiliza sus habilidades Claris.

Me refiero a alguien que tiene y es consciente de su clarividencia, clariaudiencia y clarisentencia. Aunque hay muchas otras, estas tres son las que puedes decir que hacen al médium.

Para comenzar a utilizar tus habilidades psíquicas, primero debes comprender el sentido no físico que estás utilizando. No podrás acceder al mundo espiritual de forma efectiva si no has dominado tu sentido psíquico y hayas descubierto cuál es el que más te favorece.

. . .

Sólo entonces puedes comenzar a conectar con los planos elevados. Cuando no eres consciente de lo que estás utilizando, simplemente no puedes sacarle el mejor provecho.

Una vez que aprendas a utilizar tus habilidades, tus experiencias se volverán más comprensibles y reales.

No es tan sencillo dominar los sentidos psíquicos, en especial para los primerizos que apenas están entrando en este mundo. Igualmente necesitas el conocimiento para determinar en qué parte del espectro de los sentidos psíquicos te encuentras. Esto te ayudará a comprender lo que es natural para ti y lo que necesitas mejorar.

Sus sentidos físicos tienen su propio órgano físico que les permite cumplir con su labor. Cuando se trata de los sentidos Claris requieres utilizar los sentidos que no son físicos, es decir, los sentidos psíquicos, por ejemplo, los ojos del alma o el tercer ojo para ver más allá del mundo físico.

Los sentidos Claris están mucho más amplificados, por lo que podrás detectar información más detallada y precisa cuando desarrollas tu sentido.

Todas las personas tenemos la capacidad para utilizar los sentidos Claris, aunque algunas personas tienen más facilidad que otras. Si tienes un sentido Clari el puedes utilizar de forma natural y sin esfuerzo, significa que es tu sentido dominante. No obstante, sigues necesitando práctica para desarrollar y mejorar este y los otros sentidos.

Uno de tus objetivos principales debe ser aprender a controlar tus sentidos para poder activarlos y desactivarlos cuando lo necesites. Aunque tu misión en la vida sea volverte un sanador, no quieres estar viendo espíritus a cada segundo de tu vida diaria mientras todos piden tu atención para transmitir mensajes.

Clarividencia

La clarividencia es la habilidad para ver dentro del mundo espiritual utilizando el tercer ojo. La palabra significa literalmente ver con claridad. Esto se puede experimentar por medio de sueños y visiones. Puede suceder que eres capaz de ver lo que le ocurre a una persona que está lejos de ti sin saber nada al respecto.

Se trata del sentido psíquico que te permite ver la energía. Puedes llegar a ver cosas que no son ordinarias utilizando tu tercer ojo. Puede llegar a ver más allá del tiempo y del espacio, accediendo al mundo astral, a los espíritus, al futuro y muchas otras cosas que los ojos humanos no pueden ver a simple vista.

. . .

Como hemos mencionado anteriormente, estas experiencias pueden llegar a cambiar tu vida. Los espíritus cambian tu forma de ver la vida, la forma en la que te relacionas con otras personas, y sientes que te llevan por un camino a un propósito más alto. Al desarrollar esta habilidad, puedes llegar a tener sueños vividos que son difíciles de olvidar.

Ser visual significa que comprendes mejor los conceptos e ideas que te transmiten los espíritus cuando se presentan en un formato visual como una imagen, una fotografía, una visión y por el estilo. Las personas con clarividencia pueden ver la energía de diferentes formas, incluyendo luz, colores, imágenes y movimientos. Cuando las personas piensan en un psíquico, normalmente piensan en la clarividencia. Como ya dijimos, el término psíquico es más amplio y la mediumnidad y la clarividencia solamente son dos aspectos dentro del concepto.

Por lo general, los clarividentes reciben mensajes espirituales en la forma de imágenes o símbolos, una especie de representación visual que comunique el mensaje de lo haces. También pueden llegar a ver el futuro.

Simplemente tienes que intentarlo y preguntar a los espíritus lo que quieres saber. Puedes llegar a ver imágenes, fotografías, símbolos, pertenencias e incluso como si escribieras en una hoja de papel. Tu trabajo como médium es interpretar esas visiones y comunicar lo que has visto. Eso significa usar la clarividencia.

Ejercicio 1 para desarrollar la clarividencia

Este ejercicio utiliza la magia de las velas. Para esto necesitas una vela blanca, una habitación oscura y una oración de intención protectora.

Esta es la oración: "Querido gran espíritu, ser de la gran Madre y de Dios Padre. Por favor rodéame a mí y a mi cliente en un círculo de protección y de amor. Por favor permite que lo que ocurra durante esta lectura sea por el bien mayor de mi cliente y por el bien de todas las cosas.

Deja que se conteste en las preguntas y por favor permite que mi cliente reciba la sanación que necesita. Así sea, amén.

La intención es practicar la observación de la vela para estimular la activación de tu tercer ojo. Este ejercicio permite que la energía fluya a tu tercer ojo. Para esto debes observar la vela y luego cerrar tus ojos mientras imaginas la llama de la vela con tu ojo de la mente. Practica esta técnica por unos 5 a 10 minutos al inicio. Esta puede ser una práctica que realices por las mañanas o por las tardes. Entre más practiques, más notarás que los espíritus te muestran cosas por medio de la clarividencia.

Ejercicio 2 para desarrollar la clarividencia

Después de haber rezado sobre una vela de siete días, puedes establecer tu intención. Las velas de siete días funcionan mejor cuando se desarrolla la clarividencia de esta manera.

Decora tu vela con las hierbas y especias que quieras. Por ejemplo, menta, albahaca, canela, olíbano, madera de sándalo y miel.

Se utilizan las hierbas con propósitos diferentes, así que ajústalo a tu intención. Reza y comunica tu pedido al mundo espiritual. Puedes hacer esto de dos maneras: escribe tu pedido en un pedazo de papel y colócalo debajo de la vela, o pronuncia las palabras de tu pedido sobre la vela.

Después de haber realizado este punto, siéntate en silencio y pon atención a cualquier imagen que veas en la llama de la vela. Considera si la llama se está moviendo o si ves imágenes en la cera derretida. Así es como te puedes abrir a ti mismo para recibir las imágenes de los espíritus por medio de la vela.

Clariaudiencia

La clariaudiencia es la habilidad para escuchar mensajes del mundo espiritual. Esto significa ser capaz de escuchar lo que es inaudible. Significa que tú mismo puedes escuchar mensajes que son para ti o para la persona a la que le estás proporcionando una lectura. La clariaudiencia significa literalmente escuchar con claridad. Es un sentido que tienes que desarrollar si quieres utilizar habilidades psíquicas, ni importa si no es tu sentido dominante.

Esto se debe a que los guías espirituales y transmitir información por medio de la clariaudiencia.

La clariaudiencia sirve para escuchar también los pensamientos de otras personas como si estuvieran hablando en voz alta. Si no eres consciente de tu habilidad, puede ser que te asusté mucho cuando suceda.

La información auditiva puede llegar en una gran variedad de formas. Puede presentarse como sonidos inteligibles como nombres, frases, palabras e incluso letras de canciones.

Cuando tu sentido se está despertando, vas a experimentar una gran variedad de sensaciones que pueden ser algo molestas al inicio, como zumbidos en los oídos. Con la práctica vas a comenzar a escuchar las voces en tu mente.

Por supuesto, las voces van a sonar diferente, es como si una persona hablara directamente en tu cabeza o como un eco de otro plano dimensional.

Incluso puede ser la voz de uno de tus seres amados ya fallecidos.

Aunque no hayas nacido con la habilidad dominante de la clariaudiencia, puedes desarrollar esta habilidad con la práctica. Considera que los mensajes se pueden recibir de cuatro formas diferentes. La primera es por medio de tu propia voz, algo sutil y puede parecer que tienes un diálogo en tu mente, pero la voz que escuchas es la de tu guía espiritual. Sin embargo, considera que esta forma es diferente a cuando recibes información al estar en sintonía con tu ser superior.

La segunda forma son los mensajes clariaudientes que se reciben por medio de voces espirituales. Suelen presentarse como voces de seres amados y conocidos que ya haya fallecido. Escucharás las voces igual a como eran cuando estaban vivos.

La tercera forma es recibir mensajes por medio de sonidos, como escuchar tu nombre cuando no hay nadie cerca. Es decir, que no podrás identificar la fuente física del sonido. También puedes escuchar ruidos, susurros, conversaciones o estática. Lo más importante en este punto es que el sonido que escuches debe tener sentido para ti.

La cuarta forma en la que se presentan dos mensajes clariaudientes es a través de advertencias. Por supuesto, ocurren cuando te encuentras en peligro, por lo que podrás escuchar el mensaje como si fuera una persona hablando en voz alta, aunque no habrá nadie cerca. Se puede presentar como un zumbido hasta un grito.

Se puede experimentar de dos formas diferentes. La primera es escuchar con la mente, por lo que es algo subjetivo. Y la segunda forma es escuchar palabras habladas, por lo que crees objetivo. Otra forma de explicar la clariaudiencia es la habilidad para escuchar frecuencias.

Subjetivo contra objetivo

· · ·

La forma más común para un médium mental es escuchar de forma subjetiva. Esto significa escuchar información que suena como tu propia voz dentro de tu cabeza.

Puede ser una experiencia extraña porque te deja pensando en si esa era tu voz o si era un espíritu hablando contigo. Hablaremos un poco más de esto cuando expliquemos los espíritus de confianza.

El espíritu te proporciona información que no podrías saber de ninguna otra forma si no fuera por el espíritu. La mayoría de las personas reconocen que tienen un diálogo interno consigo mismos. En la mediumnidad, las personas están abiertas a la inspiración divina y a la comunicación con los espíritus. Algunas veces es necesario hacer las preguntas en voz alta para obtener respuestas.

Puede ser que te de miedo pensar que las personas te vean hacer esto y que crean que estás loco o loca. Sabes a lo que me refiero, creerían que estás hablando solo. Es normal tener miedo de las críticas al inicio, pero debes enfrentar ese miedo y darte cuenta de que el mundo exterior considera que estas cosas son extrañas. Parece como si fueras una persona loca hablando contigo mismo hasta que la evidencia y los hechos se revelan.

. . .

Es normal que durante una lectura recibas nombres que tú no conoces, pero al mencionarlos al cliente puede ser que él o ella lo reconozca.

Puede ser que recibas esta información para confirmar la identidad de una persona.

Es algo que suele pasar en las lecturas y es tu responsabilidad como médium confiar en la información que recibes. Al hablar con el cliente puede brindarle la seguridad que necesita en ese momento.

Leer las cartas del tarot es mucho más sencillo para relajarse y permite que la información se comunique de forma subjetiva por medio de tus sentidos. Considera que el tiempo del círculo de desarrollo es importante para fortalecer tu conexión con los espíritus.

La segunda forma en la que puedes experimentar la clariaudiencia es escuchar una voz que viene de fuera de tu cuerpo. Eso significa escuchar una voz de forma objetiva. Puede ser que de repente escuches una voz que llama tu nombre, pero no hay nadie alrededor. Claro que da miedo las primeras ocasiones, cuando no sabes de qué trata, pero luego te puedes informar y practicar esta habilidad. Las primeras experiencias siempre dan miedo, porque no sabes qué son.

Pueden ser experiencias muy intensas. Después de escuchar tu nombre, puede ser que algún ser te brinde información. Podrás saber qué persona es la que se comunica contigo y qué es lo que quiere.

Pero debes considerar que hay una gran diferencia entre la clariaudiencia y la esquizofrenia. En la clariaudiencia puedes recibir muchos mensajes de amor, compasión y escuchar personas que necesitan ayuda para comunicarse con sus seres queridos. No es nada de lo que debas tener miedo. Sin embargo, considera que es completamente normal sentirse sorprendido y con algo de miedo en las primeras experiencias. Otro tipo de mensajes que puedes recibir de los espíritus son advertencias y consejos para tu vida diaria o para tus experiencias psíquicas, incluso puedes recibir instrucciones para saber cómo actuar en ciertas situaciones. Cuando estés listo, recibirás cada vez más información. Igualmente tendrás más experiencia para lidiar con las cosas que escucharás.

La mayoría de las personas no se dan cuenta de que utilizan mucho la clariaudiencia durante su día a día. Los seres humanos somos seres espirituales que estamos conectados con los reinos de vibraciones elevadas.

Cuando nacemos, nos brindan un guardián para ayudarnos y brindarnos apoyo durante nuestro camino.

Recuerda lo siguiente: en los momentos de trauma o estrés, nunca estás realmente solo.

La ayuda siempre está disponible para ti. Por lo tanto, sentarte en silencio te puede permitir el beneficio de conocer la diferencia entre tu voz interna y un espíritu. Los mensajes de advertencia son mensajes que vienen de tu propia alma o de tu propio ser elevado.

Ejercicio 1 para desarrollar la clariaudiencia

Esta es una práctica subjetiva para realizar durante un círculo de desarrollo. Necesitas un cuaderno y una campana.

Reúne a tu grupo y abre el círculo con una oración.

Dentro de tu mente establece la intención de que quiere desarrollar y audiencia. Esta intención también funcionará para el ejercicio del desarrollo de habilidades psíquicas, las Claris. Luego establece la intención de comunicarte con tu guardián espiritual y permitir que acuda un espíritu. Si no estableces la intención, puedes hacer que varios espíritus se comuniquen a la vez.

Pregunta por un nombre y escribe lo que escuches.

Pide una evidencia clara de la vida del espíritu. La evidencia puede incluir cosas como el lugar donde trabajó esta persona, la forma en la que murió o rasgos o información personal que confirme la identidad del espíritu.

Esto no es algo que se pueda obligar ni apresurar. Tienes que estar seguro de que estás sintonizando y que permites que fluya la información.

Después de esta sesión de desarrollo, si te encuentras solo, agradece a los espíritus por aparecerse y cierra el círculo.

Si te encuentras con un grupo, comparte la información que has recibido. Puede sorprenderte que alguna de esas personas puede estar conectada con ese espíritu. Diviértete explorando las posibilidades.

Ejercicio 2 para desarrollar la clariaudiencia

Este ejercicio sirve para ayudarte a aumentar tu biblioteca de comunicación espiritual. Para esto debes pasar tiempo en la naturaleza.

. . .

Puedes salir a pasear o simplemente estar en un lugar en el que sientas conexión con los animales, los insectos y los aromas a tu alrededor.

Adéntrate en ti mismo. Cierra los ojos y escucha con tu espíritu. Si escuchas el canto de un ave, deja que el espíritu lo interprete como un mensaje. Si escuchas cualquier sonido de animales pequeños, piensa en las sensaciones energéticas que recibes. Toma nota de todo eso. Esta es otra forma de aumentar tu biblioteca espiritual y de conectar con la forma en la que se comunican los espíritus contigo.

Clarisentencia

Literalmente significa sentir claramente. Esta habilidad te permite sentir la energía. Un ejemplo de esto es cuando entras a una habitación e inmediatamente sientes las diferentes energías, lo que se conoce como un ambiente cargado de energía. Si puedes sentir lo que la otra persona está pensando o sintiendo, esta es otra señal.

Las personas clarisentientes son muy sensibles con las personas porque sienten la energía en su interior.
    Igual se puede manifestar como un presentimiento o una sensación que no conoce su origen. Un ejemplo es cuando

conoces a una persona e inmediatamente te sientes relajado o alterado por su energía.

La clarisentencia es la habilidad para sentir energía del mundo físico y espiritual. Suele pasar que son emociones o sensaciones. Esto se realiza al experimentar una sensación o sentimiento que no pertenece al médium. Significa que puedes sentir lo que están más allá de tus sentidos físicos. Pueden ser emociones positivas o negativas de personas o espíritus, de cualquier cosa que tenga energía dentro del cosmos. Esto se debe a que todas las cosas están hechas de energía, que, aunque no se puede ver, se puede sentir.

Cuando te sientes de cierta forma respecto a una persona que recién conoces, eso que sientes es su energía. Puedes descifrar con precisión lo que la persona siente en ese momento.

Además, no solamente sientes lo que sucede en el presente, también puedes sentir los estados emocionales del pasado, del presente o del futuro de otra persona.

Las personas con esta habilidad dominante son afectadas por diferentes influencias, pero todo se reduce a su sensibilidad. Suelen ser personas propensas a los cambios de energía a su alrededor. Significa que pueden sentir la energía interna y externa con mayor claridad que los demás. Esta energía puede provenir de objetos espirituales, percepciones y hasta del futuro. Los clarisentientes pueden percibir cuando una persona está en peligro, a pesar de la distancia.

Algunas de las cosas que puedes sentir son las siguientes:

- Una sensación de cosquilleo en todo el cuerpo cuando te comunicas con un espíritu. Generalmente es en el rostro, las manos, el cuello y otras partes del cuerpo. Sientes que los vellos de la parte de atrás del cuello y en los brazos se levantan porque un espíritu está cerca.
- Una sensación de presión en el oído izquierdo que llega hasta el lado derecho del cerebro.
- Sentir un cosquilleo en el área del plexo solar.
- Pesadez o presión en el área del pecho y en la parte superior de la cabeza.
- Sentir una brisa o frío cuando no hay viento.
- Una sensación intuitiva de que alguien está en la habitación contigo. Este puede ser un espíritu, un guía o un ángel.

Un psíquico puede sentir energía solamente del mundo que lo rodea. Pero un médium puede sentir energía del mundo que lo rodea y más allá. Llegas a darte cuenta de que los espíritus tienen que aprender a comunicarse con el mundo físico. Requiere un poco de tiempo para que el espíritu se acostumbre a ya no tener un cuerpo físico. Esto no significa que sea imposible del todo.

Para algunos espíritus es más fácil permitir que el médium sienta lo que ellos sienten para comunicar el mensaje. Después de que la persona muere y pasa del mundo físico al mundo espiritual, se les brinda un resumen de su vida. En esta revisión pueden ver sus vidas desde dos perspectivas. Estas dos perspectivas muestran desde el punto de cómo vivieron y de cómo pudo haber vivido basándose en elecciones personales y de curación.

La reencarnación es real y le proporciona a la persona otra oportunidad para experimentar, sanar, crecer y ascender en su alma. Por lo tanto, el suicidio no es una respuesta porque tus aprendizajes son tuyos y porque has estado de acuerdo en que aprenderlos.

No elijas volver a comenzar, puedes mantenerte en el mismo camino y sanar. Cuando proporcionas una lectura de médium y sientes tristeza o arrepentimiento, puedes decirle esto a tu cliente.

Si sientes la necesidad de querer abrazar o consolar a tu cliente, puedes comunicar esos mensajes. Con las sensaciones de la clarisentencia puedes sentirte como la persona con la que estás hablando. Si le preguntas cómo murió un espíritu y, de repente, sientes un terrible dolor de cabeza y sientes que algo te golpea en la cabeza, entonces esa es la forma del espíritu de comunicarte la manera en la que murió. Los espíritus tienen una gran conciencia de sus personalidades terrenales.

Una forma en la que los espíritus intentan comunicarse es con gotas de lluvia muy frías.

Puede ser cuando te sientas en interiores y sientes una gota de agua fría en el hombro.

Así es como el espíritu te permite saber que se encuentra ahí en ese momento.

En la mediumnidad, los espíritus te permiten sentir como se sienten ellos, su tristeza, sus remordimientos, su felicidad y su alegría. Algunas veces, también pueden llegar a transmitir el dolor físico que sintieron que sintieron en vida para comunicar un mensaje.

Durante una lectura, puedes preguntar al espíritu cómo murió, y éste te permitirá sentir la forma en la que murió.

· · ·

Luego de eso, y dependiendo de la forma en la que murió esa persona, te puedes sentir muy cansado. Así pues, debes tener cuidado de no presionarte demasiado con muchas lecturas.

Algunos ejemplos de cómo murieron algunas personas y las sensaciones que percibe el médium son los siguientes:

- Pesadez en el pecho significa ataque cardiaco o se aplastó el pecho. Después de tener esta sensación, el espíritu te comunica cierto conocimiento respecto a esa sensación.
- Dolores de cabeza o presión en cualquier parte de la cabeza significa una herida fatal en la cabeza o cáncer cerebral. Como en el caso anterior, te llegará el conocimiento de cuál fue el caso.
- En casos más violentos o extremos, también puedes llegar a sentirlo de forma muy vivida. Por ejemplo, puedes llegar a sentir que presionan una almohada sobre tu rostro y te retienen. Esa es la forma en la que el espíritu intenta comunicar su asesinato.

Algo que debe considerarse es que los clarisentientes no son lo mismo que los empáticos, aunque son parecidos. Los empáticos son personas muy sensibles a las emociones de los demás, mientras que los clarisentientes son empáticos porque son muy sensibles a las sensaciones, ya que perciben la energía de todo lo que les rodea.

Clari empatía

La clari empatía es sentir emociones con mucha claridad.

Esta habilidad psíquica suele confundirse con la clarisentencia, algo muy comprensible pues tienen muchas coincidencias. Una persona con empatía clara es una habilidad muy poderosa para conectar con la clarisentencia. Ten en cuenta que ambas son diferentes.

La habilidad de la empatía puede llegar a ser demasiado exigente y agotadora.

Una persona con clari empatía siente que la energía de todas las personas es demasiado "ruidosa". La solución es recibir entrenamiento para dejar de sentir que te fusionas con otras personas por medio de su energía. Puedes llegar a sentir lo mismo que la otra persona sin tener conocimiento previo de sus emociones y pensamientos.

Clariolfato

. . .

¿Alguna vez has cocinado con tu nariz? El clariolfato o clarialiencia significa ser capaz de recibir información basándote en el aroma. Puedes llegar a oler enfermedades, la muerte y más. Es más común sentirlo a la hora de cocinar y cuando comiencen a desarrollar tu habilidad. Si puedes saber los ingredientes de un platillo basándote en el aroma, quizás tienes una idea de esta habilidad.

Puedes oler cosas que no tienen una presencia física, como el perfume de una persona que no están cerca de ti y tampoco están cerca sus pertenencias. Esto significa que su energía está cerca de ti y puedes olerla.

Si tienes esta habilidad psíquica, tu sentido del olfato puede ser demasiado abrumador porque está muy desarrollado y atento a todos los aromas de las energías que te rodean. Este sentido del olfato poderoso también puede conectarte con eventos futuros o recuerdos pasados. Lo más común es que el aroma que detectas viene del mundo espiritual y ésta es su forma de comunicarse contigo. Por ejemplo, puedes oler el perfume que utilizaba tu abuela en vida, pero ella ya falleció, lo que significa que intente comunicarse contigo.

Clariconocimiento

El clariconocimiento significa conocer claramente. Este es un sentido que permite aprender sobre las personas, eventos y otras cosas de forma psíquica. A las personas que poseen el clariconocimiento se les conoce como claricognoscientes. Puedes imaginar esta habilidad si alguna vez te has preguntado cómo llegaste a saber ciertas cosas de otras personas sin tener una razón que lo justifique. Significa que el conocimiento viene de los espíritus.

Es un sentido psíquico muy impresionante porque literalmente obtienes conocimientos de la nada.

Se puede decir que no tienes una explicación sobre cómo tienen ciertos conocimientos dentro de tu mente. Esto puede ocurrir cuando tienes un presentimiento y decides actuar de forma diferente sin una razón aparente. Luego descubres que tu forma de actuar evitó que sufrieras algún percance. Significa que los espíritus te estaban protegiendo al brindarte conocimientos. Tus guías espirituales fueron quienes te dieron el conocimiento.

Cuando las personas acuden a ti porque puedes ayudarles a resolver sus problemas, puede significar que eres una persona claricognoscientes. Igualmente puedes saber si una persona está siendo falsa sólo por instinto. Solamente tienes que poner atención y detectar la información que recibes en tu mente. Son cosas que solamente sabes de la nada. No necesitas ver las cosas para conocerlas.

. . .

Clarigusto

Este sentido psíquico puede ser el más extraño y poco común de todos. Se trata de saborear con claridad, puedes probar cosas que no están en el reino físico. Los espíritus pueden transmitir mensajes en forma de sabores, como puede ser que de repente detectes el sabor de una comida que tu ancestro amaba cuando estaba vivo.

Realmente puede ser una gran sorpresa cuando te llega un sabor de la nada.

Se puede presentar cuando los espíritus de tus seres amados intentan comunicarse contigo al provocar un recuerdo de un evento o situación asociada con ese sabor.

También puede ser que detectes el sabor de tu comida favorita que esa persona te preparaba en vida.

Identificar tu sentido dominante

Ahora que conoces todos los sentidos psíquicos, ya puedes detectar cuál es el que es dominante en ti. Esto te ayudará a desarrollarloal hacer ejercicios especiales para tu sentido. Los sentidos más comunes son la clarividencia, la clariaudiencia o la clarisentencia. Este ejercicio te ayudará a reconocer cuál es tu sentido dominante.

Este pequeño ejercicio se llama análisis del entorno.

Debes sentarte cómodamente en una habitación sin distracciones.

Comienza a analizar el lugar en el que te encuentras, cada lado, sus dimensiones, todos los detalles, no importa que tan triviales. Debes poner mucha atención a los sonidos, las imágenes, las sensaciones, los colores, si llegan sabores o conocimientos a tu mente.

Lo siguiente es cerrar los ojos y concéntrate en tu respiración. Inhala y exhala profundamente mientras intentas analizar mentalmente lo que detectaste en la habitación.

Pon atención a si algo resalta en particular, puede ser una imagen, un sonido, un presentimiento que tuviste mientras analizabas la habitación. Pon mucha atención a cómo te sientes sobre las energías del lugar.

. . .

Aquello que sobresalga más en tu análisis será lo que indique tu sentido psíquico dominante. Se recomienda practicar este ejercicio en diferentes lugares, puede ser en un parque, en tu casa y hasta en el lugar de trabajo, puede haber personas o puedes estar solo.

Entre más consciente seas de tus alrededores inmediatos, más fácil será para ti detectar los cambios de energía a tu alrededor. Igualmente podrás identificar si detectas por medio de tu vista, oído u olfato psíquico cualquier cambio en la energía del lugar.

3

Sanación

Si le preguntas a la persona promedio qué superpoder le gustaría tener, es probable que escuches respuestas muy variadas. A muchas personas les gustaría volar, ser super fuertes o tener acceso al conocimiento ilimitado. En cambio, sólo unas cuantas personas elegirían ser capaces de curar a las personas sólo con tocarlas. Aunque esto suena como un poder muy diferente a otras habilidades como volar o la súper fuerza, el hecho es que la sanación es otra habilidad psíquica, una que muchas personas del mundo poseen.

Por desgracia, solo unas cuantas de estas personas son conscientes de su don y aún menos personas saben cómo aprovechar, fortalecer y utilizar su poder. Existen varias formas de sanación espiritual.

Además, vamos a explicar si eres un sanador innato, si has sido dotado con el conjunto de habilidades necesarias para ser capaz de sanar a una persona sólo con tocarla.

. . .

También hablaremos de la fuerza de tus habilidades inherentes y si, por lo tanto, eres capaz de tener un efecto sanador en el mundo.

Lo primero que vamos explorar es la verdadera naturaleza de la sanación espiritual. Aunque la mayoría de las personas recurren a fuentes físicas cuando se enferman, como doctores y medicamentos, algunas personas prefieren una perspectiva más espiritual, una que acceda al poder sanador de la energía.

Los tratamientos físicos curan a una persona desde el exterior; en contraste, la sanación psíquica brinda salud y bienestar desde el interior, sanando al individuo desde la raíz del problema, no solamente tratando los síntomas.

Este sistema se basa en una sola verdad: la salud y el bienestar físico, mental y emocional todos se ven afectados por la condición de la energía.

Cuando las energías de una persona están fuera de balance o están bloqueadas, eso tiene como resultado una enfermedad física o emocional. Por lo tanto, la sanación psíquica es la práctica para restaurar el balance y el flujo apropiado de la energía de una persona, lo que termina por aliviar todas las enfermedades y dolencias al arreglar la verdadera causa a un nivel espiritual.

Existen muchas formas de sanación espiritual, cada una con sus propios métodos y técnicas para lograr el objetivo final de la salud total y el bienestar. Aunque algunas personas se concentran en una perspectiva general, como canalizar la fuerza de la vida universal en una persona para recargar sus energías, otras personas tienen una perspectiva con más sintonía al concentrarse en el papel de los chakras y su desempeño cuando se trata de producir y mantener energía.

Por lo tanto, se pueden utilizar una gran variedad de herramientas y prácticas, cada una formando una tradición específica dentro de todo el rango general de la sanación espiritual. Esto crea la misma situación que con la mediumnidad, es decir, que no todos los sanadores pueden practicar todas las formas de sanación.

Así pues, es importante descubrir si tienes las habilidades necesarias para la sanación psíquica en general, pero también es necesario descubrir exactamente qué tipo de sanación psíquica es adecuada para ti.

Señales de que eres un sanador

. . .

Al igual que con las habilidades psíquicas de las Claris, todas las personas tienen el potencial de lograr cierto nivel de habilidad en esta práctica. Sin embargo, aquellas personas que carecen de las habilidades innatas tendrán problemas para producir resultados pequeños. Entonces no es una habilidad espiritual recomendada para cualquier persona. Es una que debe ser fomentada por los individuos que demuestren tener las cualidades necesarias para atraer y canalizar energías curativas de manera significativa.

Por suerte, las señales para estas cualidades son fáciles de identificar, lo que hace fácil determinar si la sanación psíquica es tu don inherente. Ahora mencionaremos una lista de señales que determinan si tienes los rasgos de un sanador:

1. Tiendes a sentir una profunda empatía por otras personas.
2. Las personas cercanas a ti tienden a mantener una buena salud.
3. Las personas tienden a confiar en ti para contarte sus problemas y dolencias.
4. Los niños y los animales se sienten a salvo cerca de ti, incluso cuando son asustadizos cerca de otras personas.
5. Prefieres pasar tiempo a solas en entornos pacíficos.

6. Eres muy sensible a los sentimientos y al sufrimiento de otras personas.
7. Tus sueños te transmiten mensajes respecto a enfermedades o sanación en tu cuerpo.
8. Más que otra cosa, deseas ayudar y curar a otras personas de cualquier forma posible.
9. Prefieres pasar tiempo en la naturaleza, donde no hay tanto ruido y alboroto.
10. Prefieres escuchar a otras personas en vez de hablar.
11. Tienes un gran interés en la espiritualidad y a veces has experimentado momentos de despertar de tus habilidades.
12. Las medicinas no suelen afectarte de la misma forma que a los demás.
13. Hay sanadores en tu familia, pueden ser tus padres o tus abuelos.

Si identificas seis o más de estas afirmaciones, entonces hay una gran probabilidad de que seas un líder natural. La siguiente parada es identificar los diferentes tipos de sanación para que sepas qué camino seguir en tu búsqueda para desarrollar tus habilidades inherentes.

El papel de la energía en la sanación espiritual

Como ya hemos mencionado, la energía tiene un papel muy importante, tanto en los términos de enfermedad como en los de sanación psíquica. Sólo cuando comprendes la importancia de la energía puedes comenzar a mejorar tus habilidades y así desarrollar el tacto sanador que deberías tener. Se debe mencionar una vez más que la enfermedad y el malestar son causados por un desbalance de energía en el individuo. A veces, este desbalance puede resultar en un trauma físico; sin embargo, suele ser bastante común que es el resultado de un trauma emocional o espiritual. El estrés, por ejemplo, puede afectar gravemente la eficiencia de los chakras, lo que termina por reducir el flujo de energía dentro del cuerpo de la persona.

Eso puede llevar a afectaciones como músculos inflamados, bajos niveles de energía física y una mayor probabilidad de enfermarse. En vez de atender esos síntomas con medicinas y tratamientos tradicionales, los sanadores psíquicos saben que la mejor solución es restaurar el balance y el flujo de energía dentro del paciente, lo que termina por restaurar su habilidad natural para eliminar las enfermedades.

La forma principal con la que se restaura la energía del paciente es canalizando energías sanadoras hacia dentro de su cuerpo. Esto se puede presentar de dos formas.

Primero, el sanador puede usar su propia energía para ayudar a aumentar los niveles de energía del paciente, de forma similar a como se le pasa batería a un automóvil.

. . .

Al mandar su energía dentro del paciente, el sanador puede restaurar la energía del paciente a un nivel en el que sea capaz de regresar a un estado normal de salud y bienestar. La desventaja de esta opción es que el sanador terminará agotado si tiene muchos clientes que necesiten recuperar su energía ese día. Por eso, el sanador necesitará tomar algo de tiempo para recargar su propia energía entre las sesiones para asegurar su propio bienestar.

La segunda forma de energía sanadora es la canalización, en la que el sanador no utiliza su energía personal, sino que utiliza energía del mismo universo. En este caso, el sanador es un médium, sólo que en esta variante no canaliza un mensaje de parte de un espíritu, sino que canaliza energía del universo. De cierta manera funciona como una extensión que conecta al paciente con la fuente de energía que va a restaurar su salud. La ventaja de esta forma es que no utiliza la energía del sanador, por lo que no va a consumir sus niveles de energía en el proceso.

Además, algunas técnicas hacen posible que el cliente canalice la energía él o ella misma, lo que le permite actuar como su propio sanador.

Formas típicas de sanación espiritual

. . .

Así como hay diferentes especialidades dentro del campo de la medicina y cada una se concentra en una forma específica de salud y recuperación, de forma similar existen diferentes tipos de sanación espiritual un cada uno de estos tipos de su clase y cada tres categorías. A la primera se le conoce como sanación espiritual.

Es cuando el sanador invoca las energías del universo para entrar en el cuerpo de un cliente y así restaurar sus niveles de energía individual, recuperando así su salud.

Un ejemplo de sanación espiritual es el reiki, una técnica antigua de Japón en la que el sanador canaliza su energía hacia el paciente utilizando sus manos como el transmisor. Algunos practicantes colocan sus manos directamente sobre la persona, mientras que otros mantienen sus manos a unos centímetros del cuerpo de la persona. La palabra reiki significa poder universal y energía, lo que significa que la fuente de energía sanadora que el practicante canaliza hacia el cliente.

Otro tipo de sanación espiritual es el uso de cristales para restaurar los niveles de energía. Esta práctica se concentra en restaurar la energía de los chakras utilizando cristales específicos asociados con un chakra en especial. Por ejemplo, si una persona tiene problemas de garganta o problemas para hablar, entonces significa que su chakra de la garganta necesita restaurar sus energías. Los cristales como la aguamarina que se pueden colocar sobre la persona para atraer la frecuencia necesaria de energía. El color azul de los cristales refleja el color azul del chakra y, por lo tanto, la frecuencia de la energía asociada con él.

La ventaja de esta práctica es que el sanador no necesita actuar como un canal en el que viaja la energía, así que no hay necesidad de desgastarse. Además, la persona puede realizar el acto de sanación por sí misma si sabe qué cristales utilizar para el chakra que necesita restaurar.

La segunda categoría es la sanación psíquica conocida como sanación pránica. Tiene su origen en la India. Esta forma de sanación incorpora la fuerza de vida del sanador, conocida como prana. A diferencia de la sanación espiritual, en esta ocasión, el sanador debe utilizar su propia energía. Un ejemplo de la sanación pránica es la sanación quantum. En esta técnica, el sanador utiliza técnicas específicas para incrementar su propio prana, por lo que es capaz de proveer toda la energía necesaria para restaurar la salud de su cliente. Las técnicas de respiración, técnicas de conciencia corporal y una consciencia especial de las diferentes frecuencias de la energía son necesarias para que el sanador sepa cuáles energías necesita restaurar y cómo incrementarlas.

También saben qué síntomas buscar cuando determinan las energías deficientes.

La tercera categoría de sanación es la sanación mental.

En esta, el sanador utiliza su mente para diagnosticar y tratar al cliente. De cierta forma, es una forma de sanación casi telepática, en la que el sanador accede al subconsciente de la otra persona para determinar la naturaleza de su enfermedad y luego utiliza su mente para visualizar el proceso de sanación al mandar la imagen al subconsciente del cliente. Cuando se hace de la forma correcta, el sanador puede dar las instrucciones al paciente para mejorar solamente utilizando sus habilidades telepáticas. No hace falta decir que esta es la más rara de todas las categorías y que necesita un gran nivel de intuición, telepatía y clarividencia.

Otros dos métodos de sanación se concentran más en la corrección del flujo de energía y no tanto en la introducción de energía sanadora. Estas son las formas chinas de sanación conocidas como acupuntura y acupresión. La acupuntura es una práctica que utiliza agujas especiales para sacar la energía negativa que bloquea el flujo de la energía saludable en el cuerpo. Se concentra en los 14 meridianos del flujo de energía para descubrir dónde se localizan los bloqueos y liberarlos por medio de las agujas. Aunque puede parecer algo doloroso, la realidad es que la persona no siente mucho las agujas. En vez de eso, puede llegar a sentir una liberación de atención cuando se restaura el flujo apropiado de energía en el cuerpo.

La acupresión funciona de forma similar, excepto que utiliza presión en vez de agujas. El sanador utiliza sus propios dedos para aplicar presión en las partes afectadas del cuerpo y así liberar la tensión y restaurar el flujo apropiado de energía. En ambos casos, el sanador debe tener la intuición necesaria para saber dónde se encuentran los bloqueos y para saber cómo liberarlos. En algo que son diferentes estos tratamientos es que el sanador no manda energía hacia el paciente; más bien libera la energía del paciente y restaura su salud.

Cómo desarrollar tus habilidades de sanación

Cuando se trata de desarrollar tus habilidades de sanación, el mejor método es la práctica. Por supuesto, el primer paso es determinar qué tipo de sanación es más apta para ti. Para hacer esto, lo mejor es encontrar practicantes de cada disciplina para hablar con ellos sobre tu deseo de volverte un sanador. Estas personas saben lo que hace falta para desempeñar su variedad específica de sanación y podrán decirte si eres bueno para ella o no.

. . .

Además, también se pueden volver tus tutores y ayudar a desarrollar tus habilidades naturales.

Si te cuesta trabajo progresar en una disciplina en particular, tal vez significa que necesitas intentar con otra.

Eventualmente encontrarás la que es buena para ti, cuando sientas que tus habilidades te ayudan a desarrollarte a ti mismo.

4

Contactar y comunicarte con tus guías espirituales

Todas las habilidades psíquicas son increíbles, comunicarse con los guías espirituales lleva la experiencia a otro nivel. Los guías espirituales han sido una parte de la cultura humana desde los tiempos prehistóricos, con las prácticas chamánicas que todavía se basaban en los conocimientos de los espíritus en muchas culturas africanas y sudamericanas hasta nuestros días. Incluso en las religiones más grandes del mundo se pueden observar una gran variedad de tradiciones cuando se trata de guías espirituales y las formas que asumen. Esto quiere decir que casi todas las tradiciones espirituales creen que los espíritus existen para ayudar y guiar a las personas a través de todos los aspectos de su existencia terrenal.

Por desgracia, muchas personas fracasan a la hora de reconocer los mensajes que sus guías tratan de comunicarles, por lo que terminan avanzando a ciegas por la vida, cometiendo muchos errores y perdiendo un sinnúmero de oportunidades. Para aquellas personas que descubren y escuchan estos mensajes, los resultados son muy diferentes. Esas son las personas que pueden evitar la mayoría de los errores y saben cuándo embarcarse a una nueva aventura. En este capítulo vamos a hablar de los diferentes tipos de guías espirituales que existen, lo que te puede ayudar a reconocer a aquellos que te quieren ayudar en tu camino. Esto también te mostrará formas de descubrir y contactar a tus guías personales para crear una buena relación con ellos.

Qué son los guías espirituales

Lo primero que necesitas es comprender la verdadera naturaleza de los guías espirituales. Es posible que la mejor forma de explicar esto es considerar una de las imágenes más comunes que utilizan en la actualidad, los ángeles. La palabra ángel viene de la palabra del antiguo griego que significa mensajero.

Es decir que los ángeles no son los bebés rechonchos que flotan entre las nubes o unos increíbles arpistas que se pasan el tiempo cantando y que visten largas túnicas blancas, mientras la humanidad sufre.

. . .

Como mensajeros, los ángeles son espíritus que no solamente observan de cerca a la humanidad, sino que también intentan dar consejos, advertencias y fuerzas a aquellos que los escuchan. Puedes llevar esto un paso más allá al pensar en sus otras tareas como ángeles guardianes y pensar que tiene la tarea de proteger a los individuos del daño cuando es posible.

Por suerte, no tienes que ser de una religión específica para descubrir y comunicarte con tu guía espiritual. Estos guías existen sin importar tus creencias, incluso los ateos tienen sus propios guías espirituales asignados, lo que significa que no tienes que ganarte su ayuda su ayuda.

Simplemente tienes que aceptarla. Además, los guías espirituales pueden asumir muchas formas diferentes. Cada una posee habilidades y beneficios únicos que suelen ajustarse con el tipo de individuo al que ayudan.

A continuación, encontrarás una lista de las formas más comunes de guías espirituales, junto con su naturaleza básica de su papel en tu vida:

Ángeles

. . .

Como ya hemos mencionado, los ángeles son los mensajeros del reino espiritual.

Se suelen observar en términos de la contraparte de los demonios, te pueden dar consejos para elegir el camino correcto cuando la tentación te quiere llevar por el camino equivocado, un camino que será peligroso y terrible para ti.

Los arcángeles son las formas más elevadas de los ángeles y se consideran los más poderosos y eficientes. Algunos arcángeles son muy conocidos gracias a las historias y las tradiciones, incluyendo a Miguel, Gabriel y Rafael.

Si tienes la suerte de entrar en contacto con un arcángel, puedes estar seguro de que tu futuro será bastante prometedor.

Ancestros

Otra tradición bastante común en todo el mundo y la historia humana es la idea de que los familiares difuntos pueden tener un papel importante para guiar y proteger a sus seres amados en esta vida. Esto es realmente cierto en el caso de los padres o abuelos fallecidos, personas que tenían mucho interés en tu bienestar mientras estaban vivas. La creencia aquí es que su amor los mantiene cerca de ti por un tiempo, lo que les permite mandarte ánimos y afecto en momentos de crisis o soledad general.

Animales espirituales

Casi todo el mundo ha escuchado el término de un animal tótem. Por desgracia, la mayoría de las personas sólo ha experimentado a los animales tótem en términos de encuestas en línea que únicamente tienen propósitos de entretenimiento. La realidad es que los animales espirituales sirven a un propósito más grande que solamente ser una conversación entretenida. Te pueden proporcionar la fuerza y la valentía elemental que necesitas para enfrentar incluso los retos más peligrosos, ayudándote a ser tu mejor versión cuando más lo necesitas.

Deidades

Las sociedades antiguas adoraban a muchos dioses y diosas, algo no muy común en nuestros tiempos modernos. Una de las razones para esto es que eso permitía que los antiguos contemplaran los varios aspectos de la humanidad. Por ejemplo, Zeus podía servir para representar el liderazgo, el amor paternal y la sabiduría de una persona mayor. Afrodita, en contraste, representaban la belleza física y el placer carnal. Así pues, cada deidad podía aparecerse a un individuo para reforzar ciertos elementos del carácter de la persona.

Si comienzas a tener visiones de dioses o diosas, en vez de ser una creación de tu imaginación, puede ser un mensaje real, uno que te proporciona las respuestas que necesitas.

Figuras religiosas

Muchas personas en todo el mundo han dicho haber tenido visiones o escuchar mensajes de Jesucristo, la virgen María, Buda u otras figuras religiosas.

Aunque algunas de estas ocasiones pueden ser farsas, también es probable que muchas de ellas sean reales, lo que sugiere que los espíritus que alguna vez fueron almas con cuerpo todavía intentan influenciar a las personas llevándolas por el camino cuando los tiempos son difíciles y hace falta tomar decisiones y complicadas.

Figuras sagradas

Casi todas las tradiciones espirituales tienen una figura sagrada de una forma u otra. Sacerdotes, chamanes, papas, ancianos y mujeres sabias en el liderar a los practicantes de su tradición mientras están en la tierra. Lo que muchas personas no saben es que continúan sirviendo en este mismo papel incluso cuando han fallecido. Es como si su alma continuara cumpliendo su llamado a pesar de que su cuerpo ya no está.

Tener una figura sagrada como guía espiritual no solamente es un don increíble por el que deberías agradecer, sino que también es una oportunidad para acceder a todo el conocimiento que los guías descubrieron durante su tiempo de vida.

Cómo detectar tus guías espirituales

Ahora que tienes una idea de los diferentes tipos de guías espirituales y las formas que asumen, el siguiente paso es detectar el guía o guías que intentan ayudarte a vivir de la mejor forma posible. Básicamente, se trata de que los guías espirituales simplemente son eso, espíritus. Por lo que no puedes esperar que puedas verlos, escucharlos o experimentarlos con tus sentidos físicos. Al menos no al inicio. En vez de eso, tienes que acceder a tus sentidos psíquicos, a las Claris, y utilizarlos para detectar a tus guías espirituales con tu ojo interior, tu oído interior o cualquier sentido que sea el dominante para ti.

. . .

No es sorpresa que los sueños sean la forma ideal para detectar a tus guías espirituales. Esto se debe a que los sueños son completamente internos, lo que significa que tus sentidos internos están a sus elevados, ya que tus sentidos físicos están dormidos. Existen dos formas en las que tus sueños pueden revelar la identidad de tus guías espirituales. Primero que nada, intenta recordar tus sueños del pasado, en especial cuando tuviste problemas con asuntos difíciles en el mundo real. Quizás soñaste con una figura religiosa que te ofrecía apoyo y ayuda. Tal vez un personaje aparece frecuentemente en tus sueños, especialmente cuando tienes más problemas.

O tienes un animal específico en tus sueños que despierta tus energías primarias para enfrentarte a los retos del momento. Si has tenido sueños como estos, puedes saber que han sido un encuentro con tus guías espirituales. Escribe estos sueños inmediatamente cuando despiertes.

La segunda forma en la que los sueños te pueden ayudar a detectar a tu guía espiritual es el proceso de incubación de sueños. En este caso tienes que pasar tiempo justo antes de dormir diciéndote a ti mismo que debes tener sueños de un tipo específico. Por ejemplo, si quieres soñar con que eres rico y famoso, debes meditar sobre los detalles específicos antes de dormir, creando el entorno soñado para que se hagan realidad tus fantasías. Este método proceso se puede utilizar para descubrir la identidad de los guías espirituales. En este caso, puedes dedicar algo de tiempo antes de dormir para meditar sobre un lugar en particular. Imagina que tu guía espiritual se encuentra contigo en ese lugar. Puede ser que ya se encuentre en el lugar o acuda a encontrarte. De cualquier manera, cuando te encuentres en ese lugar, debes poner mucha atención en la primera persona que aparece a tu lado, ya que probablemente se trata de tu guía espiritual.

La sincronía es otra forma común en la que los guías espirituales pueden mandar mensajes. Por lo tanto, si quiere saber quién es tu guía espiritual, pide que surja un patrón en tu vida diaria. Por ejemplo, si observas una gran cantidad de imágenes de ángeles durante tu día, incluyendo pinturas, estatuas y otras formas, entonces debes tomar esa como tu respuesta. Si ves imágenes de una deidad particular o del nombre de una deidad, no consideres que es una coincidencia.

Los animales también se pueden presentar a sí mismos, aunque no debes imaginar que tu tótem animal es una ardilla si pasas el día en un parque donde se aparecen docenas de estos animales. Lo que estás buscando son señales que sobresalgan y que sean fuera de lo normal. Si ves la imagen de un león todo el día, entonces es posible que esa sea tu respuesta. Pero no vayas al zoológico a buscar inspiración.

Si llegas a enfrentarte a una sobredosis de información y no sabes si estás observando un patrón o es mera coincidencia, existen dos cosas que puedes hacer para resolver esta confusión. Primero debes descansar un par de días e inténtalo después cuando tu mente se encuentre abierta y tu corazón esté listo. Cuando veas las mismas señales o se repiten las imágenes, entonces tienes tu respuesta.

La segunda cosa que puedes hacer es acudir a tu instinto o tus presentimientos. Aunque las señales sean físicas, el mensaje sigue siendo de naturaleza psíquica, por lo que debes ser capaz de verla y sentirla. Si el patrón resuena con tu alma, entonces puedes considerar que has encontrado tu respuesta. Sin embargo, si no sientes una conexión o un buen presentimiento sobre lo que estás observando, entonces es probable que sea un engaño. Puedes ignorarlo y buscar en otra parte.

Cómo comunicarse con los guías

Cuando se trata de comunicarse con los guías espirituales, la mejor forma de hacerlo es tratarlos como si estuvieras empezando una relación con ellos. Cuando te deshaces de los detalles, como puede ser la naturaleza de tu guía espiritual o el papel que juegan en tu vida, te quedas con la dinámica de crear una relación fuerte, cariñosa e incluso amorosa.

Por lo tanto, trata de crear una relación con tu guía espiritual de la misma forma que lo harías si se tratara de crear una relación con tu pareja ideal. El primer paso es hablar con ellos de forma regular.

Incluso si no los escuchas contestar al inicio, habla con ellos todo lo que puedas. No sólo acudas a ellos cuando necesites ayuda. Habla con ellos diariamente. Puedes contarles lo feliz que te sentiste al notar su presencia y puedes preguntarles cómo les va.

Aunque esto puede parecer ridículo, entre más hables con tus guías espirituales, más fuerte será la conexión. Esto significa que los podrás escuchar mejor cuando necesites llamarlos para pedir ayuda. No se trata de divertirse nada más, también se trata de ofrecer cierto tipo de habilidades vitales.

El siguiente paso es tomarse tiempo para escuchar.

Puedes elegir meditar para sintonizar con tus guías espirituales, o simplemente puedes hacer una pausa después de hacer una pregunta o afirmación con el objetivo de escuchar el mensaje que tienen como respuesta. Esta es una buena oportunidad para descubrir la forma en la que tus guías espirituales deciden comunicarse contigo. Si tienes una buena habilidad para la clariaudiencia, entonces es probable que exijan hablarte, así que debes tomarte el tiempo necesario para quedarte sentado en silencio y escuchar su voz.

    Otra opción es que sean el tipo de espíritus que utilizan señales para comunicar su mensaje. Por ejemplo, si quieres escuchar el nombre de tu ángel guardián, entonces, después de haber hecho tu pregunta, tómate el tiempo para escuchar. Si un nombre aparece en tu mente, acéptalo, incluso si es algo decepcionante al inicio. No todos pueden tener al arcángel Miguel como su guía. El tuyo puede tener un hombre sencillo como Juan o Rodrigo. No seas caprichoso y deseches el nombre esperando a que llegue uno mejor.

Sin embargo, si no escuchas un nombre, empieza a buscar uno. Busca nombres en los anuncios, comerciales de televisión, y demás cosas que aparezcan en tu vida diaria. No revises la guía telefónica tratando de encontrar un nombre que suena bien, deja que el nombre llegue a ti. Ese es el objetivo de escuchar. Debes tener fe en que tu guía espiritual es perfectamente capaz de transmitir un mensaje para ti si pones el esfuerzo suficiente para tratar de escuchar lo que te quiere decir.

Utilizar la sincronía es una buena forma de confirmar el nombre que has escuchado en tu cabeza, en el caso de haber tenido una respuesta auditiva. Por ejemplo, si escuchaste el nombre Mónica, entonces debes tomarte el tiempo para confirmarlo a lo largo del día.

    Pide señales que confirmen el mensaje. Nunca se sabe.

Esto puede parecer algo improbable e incluso ridículo para quien apenas comienza, pero cualquiera con experiencia en comunicación con guías espirituales te puede decir que les gusta utilizar el humor y hacerte sonreír cuando comunican el mensaje que necesitas escuchar. De hecho, puedes pensar que es la forma en la que ellos presumen sus habilidades o una recompensa por tus esfuerzos al darte algo significativo y divertido.

Este método para preguntar y escuchar es el mismo método que utilizarás cada vez que le pidas a los guías espirituales su nombre o una guía para tomar una decisión importante. Sin embargo, cuando se trata de problemas que tienen característica de "sí o no", puedes fiarte de tus presentimientos e instintos. No necesitas pasar todo el día escuchando las voces que te dicen sí o no, y tampoco necesitas buscar la primera respuesta que se presente a primera vista. En vez de eso, solamente tienes que escuchar a tu corazón. De todas maneras, ahí es donde sucede la comunicación espiritual.

Por lo tanto, si alguien te ofrece un empleo, por ejemplo, puedes despejar tu mente y preguntarles a tus guías si es la decisión adecuada y luego sentir su respuesta.

Si te sientes emocionado, incluso eufórico, entonces esa es su forma de decirte que es buena idea. Por otra parte, si te sientes ansioso o incluso con miedo, debes declinar respetuosamente la oferta y saber que tus guías de han evitado sufrimiento y dificultades futuras.

Formas de desarrollar tu habilidad para comunicarte con tus guías espirituales

La última parte de lo que quieres hacer es fortalecer tu habilidad para comunicarte con tus guías espirituales.

Una vez más, una de las mejores formas para lograr este objetivo es practicar todos los días, así como lo harías cuando intentas mejorar cualquier otra habilidad. Entre más practiques, mejor te volverás. Así de simple. Por lo tanto, comienza hablando y escuchando a tus guías, realiza preguntas sencillas y básicas al inicio, cosas como qué forma tienen y cómo quieren que los nombres. Entre más tiempo y esfuerzo le dediques a realizar preguntas sencillas, más preparado estarás cuando llegue el momento de atender asuntos más importantes.

Lo siguiente que necesitas hacer es llevar un diario. Esta es una práctica muy importante a la hora de desarrollar cualquier habilidad psíquica o espiritual. En este caso, lo que quieres es registrar todos los mensajes que recibes.

· · ·

Escribe el mensaje completo, como puede ser su nombre o la respuesta a una pregunta. Luego escribe la forma en la que se presentó el mensaje. Quizás lo escuchaste, lo viste o lo soñaste. No importa cómo llegó a ti, tienes que escribirlo. Por último, escribe si el mensaje resultó ser cierto o no.

Al inicio, descubrirás que muchos mensajes que llegan a ti son producto de tus propios pensamientos e imaginación.

Se necesita tiempo para distinguir las voces de tus guías entre todos los otros pensamientos e ideas en tu cabeza.

Por eso necesitas escribir un diario. Con el tiempo verás que se desarrolla un patrón, uno que te demuestra el método con el que has tenido más éxito. Por ejemplo, si tus sueños han demostrado acertar en cada ocasión, entonces concentrarte en tus sueños como tu fuente principal de comunicación.

Investiga sobre la dinámica de los sueños y haz todo lo que puedas para ser el mejor cuando se trata de crear, experimentar y recordar tus sueños. Si las respuestas que llegan a ti las escuchas y son las más precisas, entonces tómate el tiempo y el esfuerzo necesario para desarrollar tu clariaudiencia.

. . .

Al final, utiliza tu diario como una herramienta de aprendizaje, una que te muestre lo que funciona mejor para ti y lo que no. También puedes utilizar tu diario para ayudarte a mantener un registro de las formas con las que puedes desarrollar tus habilidades una vez que hayas descubierto las formas de comunicación elegidas por tus guías espirituales.

Por último, también puedes pedir ayuda. Al igual que con cualquier relación, ambas partes necesitan estar en la misma página. Si quiere saber la forma que utilizan tus guías espirituales para comunicarse, pregúntales. Ésta debería ser una de las primeras preguntas que les hagas, si no es que la primera. Después de todo, sólo cuando sabes la forma en la que puedes encontrar las respuestas es cuando tendrá sentido hacer más preguntas. Tal vez encuentres un anuncio en la televisión que te proporciona inspiración, o un espectacular en la calle que tiene una oración que parece acertada.

Al final, tus guías espirituales están ahí para ayudarte a tener éxito, por lo que no te pondrán muchas dificultades para entenderlos. Todo lo que necesitas hacer es ser paciente contigo mismo, darte tiempo para aprender y no sentirte frustrado con los errores que cometas. Siempre debes mantener una mente abierta y nunca rendirte.

Desarrollar una relación con los espíritus no siempre es fácil, aun cuando sea tu don espiritual personal. No obstante, las recompensas que esa relación te puede proporcionar serán mucho más de lo que puedes imaginar, lo que hace que valga la pena dedicarle tiempo y esfuerzo.

Una vez que desarrolles una relación significativa y enriquecedora con tus guías espirituales, nunca más tendrás que pasar un día solo. Solamente eso puede ser suficiente para cambiar tu vida por completo al permitirte tener una vida llena de felicidad, amor y bastante satisfactoria, cosa que ambos desean y merecen.

5

Sentarse en silencio para experimentar el vacío

Para muchas personas, sentarse en silencio en la oscuridad experimentando el vacío puede ser una tarea muy aterradora y difícil. Algunas personas lo llaman una cita con Dios. Al saber que vas a sentarte con la intención de comunicarte con el mundo espiritual puede ser algo que te cambia la vida. Cambia tu mentalidad al tomar una ducha energética para liberar cualquier expectativa del miedo y abrirte completamente a lo que puede ocurrir.

Experimentar el vacío es como rodearte a ti mismo de lo desconocido. No permitas que tu mente te haga malas jugadas al evitar que pases por esta experiencia.

Antes de comenzar, asegúrate de tener un cuaderno en el que puedas escribir todas tus experiencias.

. . .

Sentarte en silencio y concentrar tu energía para sintonizar el mundo espiritual

Vamos a comenzar. Considera que esta técnica es un poco diferente de los ejercicios de desarrollo que ya hemos mencionado anteriormente.

Paso 1

Para comenzar, debes sentarte en silencio en un lugar oscuro y respirar profundamente. Cuando estés inhalando, imagina en tu mente todo el aire que respiras y es absorbido por el chakra del corazón, tu centro. Cuando exhales, visualiza el aire que sale de tu cuerpo y expande tu corazón con energía.

Inhala y exhala, respira profundamente al menos cuatro o cinco veces para limpiar tu cuerpo de cualquier tipo de cosa que pueda ser una resistencia que impida tu experiencia.

Paso 2

Puedes convocar un círculo de protección a tu alrededor. Golpea tres veces en el suelo o toca a una campana. Lo siguiente es llamar a Dios Padre, a tu ser elevado, a tu equipo espiritual, a tus queridos ancestros benevolentes o a cualquier ser con el que quieras trabajar en este momento.

Pronuncia una intención en la que establezcas que cualquier energía que quiera acudir a ti y hacerte daño de cualquier manera no puede entrar al círculo. Tienes que establecer ahora una intención para que sólo las energías llenas de amor y compasión puedan entrar al círculo.

Termina esta oración con "amén" y/o "así sea".

Puedes utilizar este ejemplo de oración o crear la tuya propia: "Querido gran espíritu, ser de la gran Madre y de Dios Padre. Por favor rodéame a mi y a mi cliente en un círculo de protección y de amor. Por favor permite que lo que ocurra durante esta lectura sea para el bien mayor de mi cliente y para el bien de todos.

Permite que se contesten las preguntas y por favor permite que mi cliente reciba la sanación que necesita. Así sea. Amén"

Paso 3

. . .

Puedes hacer preguntas como las siguientes:

- ¿Quién te gustaría que se acercara y hablara conmigo?
- ¿Cuál es tu mensaje?
- ¿Cómo sé quién eres?
- ¿Por qué este mensaje es importante para mí?

Una vez que hayas realizado todas las preguntas que creas que han sido guiadas por tu chakra del corazón, entonces es momento de agradecer a todos por acudir y prepararte para cerrar el círculo.

Paso 4

Puede cerrar el círculo al agradecer a todos los seres espirituales por haber acudido. Agradecer por haber acudido y ayudarte a hacer que esta experiencia fuera posible.

Di palabras de agradecimiento y apreciación. Luego anuncia que el círculo está ahora cerrado al golpear tres veces en el suelo o tocar una campana.

Quiero resaltar lo importante que es tomar notas durante cada sesión. No solamente porque es tu experiencia personal, sino porque es algo que puedes revisar y de lo que puedes aprender para cada sesión siguiente. Te darás cuenta de lo que funciona para ti y de lo que no. Puedes mantener estos preciados recuerdos de quién acudió a hablar contigo y de lo que hablaron. Esto también te puede ayudar como recordatorio de que no estás solo en este mundo.

Abrazo espiritual

¿Alguna vez has experimentado un abrazo espiritual? Cuando un espíritu está cerca de ti puedes llegar a sentir escalofríos, una fuerte sensación de ansiedad te llega de la nada o una sensación como si caminaras sobre muchas telarañas. La sensación de la telaraña será bastante evidente porque no podrás ver ninguna telaraña, sólo podrás sentirla. Algunos espíritus disfrutan de nuestras reacciones al sentir este tipo de abrazos.

Espíritus y energías que puedes encontrar

Espíritus atados a la tierra

Los espíritus atados a la tierra son espíritus que han decidido quedarse en este mundo por alguna razón, ya sea por asuntos inconclusos o por el miedo a pasar a la siguiente fase de la vida. Hay maestros espirituales que te pueden enseñar a ayudar a un espíritu atado a la tierra para que pueda cruzar al otro lado. Existen muchos niveles de mediumnidad y formas de ayudar a los espíritus en la siguiente vida.

Hay muchos espíritus de los recién fallecidos que no saben dónde están ni hacia dónde ir. Es común que se vean perdidos y no estén conscientes de haber muerto.

Algunos espíritus atados a la tierra simplemente quieren que otras personas sepan lo que les ha sucedido. Otros tienen miedo de ser condenados al infierno al basarse en las creencias que tenían antes de morir.

La culpa es una cosa real y con mucha energía. Si crees que tienes sentimientos de culpa, cosa que la mayoría de las personas vivas sienten, esta es información que te puede ayudar a curar. Asegúrate de desarrollar energía de sanación antes de pasar al mundo espiritual. No tengas miedo de ser un espíritu atado a la tierra ya que es una elección y un nivel de conciencia. El espíritu siempre nos ha dado opción de elegir. Los médiums de rescate se dedican a ayudar a estas almas atadas a la tierra a cruzar hacia la luz.

Ejercicio para ayudar a un espíritu a cruzar hacia la luz

. . .

Puedes realizar este ejercicio con un círculo de desarrollo o practicar en casa si ya has superado la fase de principiante. Tienes que abrir un círculo de la misma forma que has hecho en todos los ejercicios anteriores, con una intención y una oración.

Puedes utilizar esta oración: "Querido gran espíritu, ser de la gran Madre y de Dios Padre. Por favor rodéame a mí y a mi cliente en un círculo de protección y de amor.

Por favor permite que lo que ocurra durante esta lectura sea para el bien mayor de mi cliente y para el bien de todos. Permite que se contesten las preguntas y por favor permite que mi cliente reciba la sanación que necesita.

Así sea. Amén"

Para aterrizarte y visualizar, concéntrate en tu chakra corazón, el cual se ubica en el centro del pecho. Piensa sobre la experiencia más feliz que hayas tenido en tu vida.

Permítete a ti mismo experimentar la felicidad y la alegría de ese recuerdo. Visualiza la energía de esta experiencia como flores u hojas de colores. En este ejemplo usaremos flores.

Basándose en la primera ley de la termodinámica, la energía no se puede crear destruir, solamente se puede transformar o cambiar.

Métodos para deshacerse de energías no deseadas

Rezar

Rezar una poderosa oración de fe puede cambiar la energía de cualquier entorno o situación. En especial si la oración se realiza con otras personas que tienen mucha fe y prácticas espirituales.

Pedir perdón y que la energía sea modificada por Dios Padre o un arcángel

Para esto puedes pedir al arcángel Miguel energía apasionada. A Rafael se le puede pedir energía sanadora. A Uriel se le pide paz y arrepentimiento. A Gabriel se le pide sanación emocional.

Poner música para cambiar el ambiente

. . .

Puede ser música de alabanzas y oración. También se pueden elegir canciones de tambores chamánicos para la meditación o flauta nativo americana. La mayoría de estas opciones las puedes encontrar en YouTube. Otra opción es música que se sienta como vibraciones de energía que podrías sentir en tu hogar.

Limpiar energías no deseadas con hierbas

Puedes utilizar hierbas como la lavanda, sabia, olíbano o canela. Si decides quemar incienso o las hierbas, recuerda abrir una ventana para que la energía no deseada pueda salir. Abrir la ventana también una señal para que tu subconsciente sepa que estás liberando las energías viejas y preparándote para las nuevas.

Se utilizas aceites esenciales, te sugiero utilizar un difusor para ayudarte a establecer la energía que quieres en tu hogar.

Colocar platos con sal de mar

Esta práctica te ayudará a crear pequeños vórtices de energía dentro de tu casa. Coloca platos con sal de mar en habitaciones diferentes para absorber cualquier energía negativa en tu espacio.

Las lámparas de sal también ayudan a crear pequeños vórtices en tu hogar, así como los cristales.

Beneficios de la limpieza

Debido a que la energía de la acumulación puede invitar a espíritus tramposos, es mejor tener un espacio limpio y ordenado en todo momento. Esto te puede ayudar a mantenerte libre de desorden.

Los espíritus tramposos que juegan bromas pueden manifestarse como pestes molestas, cosas que cambian de lugar, te puedes llegar a sentir más cansado y aparecen montones de desorden en pequeños lugares de tu casa.

Es mejor limpiar toda esa energía. Los individuos con clarisentencia y los empáticos psíquicos necesitan este tipo de práctica espiritual debido a la forma en la que absorben la energía.

Ancestros

. . .

Un ancestro es un familiar de tu misma línea de sangre que ha fallecido y ha cruzado al otro lado. Por lo general, nuestros ancestros están en el mundo espiritual y no se están buscando.

Muchos ancestros intentan comunicarse en este mundo físico. Algunas veces, el ojo no entrenado puede darse cuenta y, otras veces, la comunicación ocurre sin que te des cuenta.

Los ancestros pueden llegar a comunicarse con formas muy diversas, desde una brisa hasta palabras literales. En ocasiones también pueden llegar manifestarse como animales que mandan mensajes, por ejemplo, un ave que se acerca a ti. Los animales están más abiertos a la comunicación y a la actividad espiritual. En especial los animales que son mensajeros espirituales como las ardillas y las arañas.

Si eres una persona con talentos psíquicos y llegas a tener sueños o visiones sobre personas conocidas, no tengas miedo de comunicarte con esas personas, pues puede ser la señal que ellas necesitan para seguir adelante, aunque tú no lo sepas. Considera que los ancestros y otros espíritus recurren a los sueños para comunicarse contigo. Puedes considerar que son como visitas.

. . .

Algo que puede ayudar a mejorar la relación con tus ancestros es crear un altar en honor a tus seres queridos ya fallecidos.

También ayuda tener un plato a la hora de la comida e invitar a los ancestros a comer con la familia y los amigos. Los altares para los ancestros ayudan a honrar, a nutrir y a mostrar respeto a los ancestros. Esta es una forma amorosa de continuar con su recuerdo y la relación con ellos. Al trabajar con otras energías, lo mejor es tener primero una buena relación con tus ancestros, ya que son tu primera línea de protección y cuidado. Tus ancestros son tu primera línea de defensa en el mundo espiritual.

Los espíritus de tus ancestros a veces confían en ti para que ayudes a sanar las heridas de la familia física. Es como cuando naces en esa familia, ya vienes codificado con la información necesaria para curar la línea familiar.

Suele pasar que curar las líneas ancestrales requiere tomar diferentes opciones y acciones para tu familia. Esto es lo que significa romper maldiciones generacionales al ser el que se mueve de forma diferente. Para esto, puedes sentarte a hablar con tus ancestros y hacer unas cuantas preguntas como "¿quién eres", "¿cuál es tu nombre?", ¿qué me has legado por medio de los genes?, "¿cómo puedo curarlo?". Pueden ser cosas tan sencillas como un defecto de carácter o una enfermedad.

. . .

Simplemente te dirán que necesitas aprender a tener más paciencia o comer de forma más saludable, depende de lo que te hayan legado.

Crear un altar a los ancestros

Para esto necesitas una mesa de madera o de vidrio, un mantel blanco, una vela blanca, una campana, un vaso de agua, pero puedes llegar a tener de uno a nueve vasos (para esto puedes preguntarles a sus ancestros y ver qué número surge en tu mente). También puedes basar el número de vasos en el tamaño de tu mesa. También requieres de 7 a 9 nueve plantas, comida especial, dulces y artículos que te recuerden a sus ancestros. Dependiendo de tu familiar fallecido puedes colocar cosas como caramelos de menta, chocolates, su bebida favorita, una fotografía o un artículo personal del fallecido. Puedes utilizar una cómoda o un pequeño altar de madera. Por último, necesitas una olla para cocinar.

Algunas personas tienen altares familiares para honrar a todos sus ancestros fallecidos. Aunque es una muy buena idea, también puedes tener simplemente una o dos fotografías de tus ancestros, quizás los más cercanos a ti.

. . .

La olla es para quemar dinero de los ancestros creado o traído por ti. Para honrar a los ancestros es muy importante invertir tiempo y esfuerzo al crear esta conexión espiritual. Por ejemplo, puedes celebrar ocasiones como sus cumpleaños.

Honrar el cumpleaños de un ancestro

Puedes honrar a tu ser amado fallecido al cocinar o comprar un pastel. Compra cosas para decorar y cocina sus alimentos favoritos, luego invita a la familia para la fiesta. Pueden disfrutar compartiendo historias sobre sus familiares fallecidos.

Rezar a sus ancestros

Ten en cuenta que cualquier momento que pases rezando es una práctica espiritual para ti. Es importante que le reces al altar de tus ancestros al menos una vez al día. El objetivo de muchas personas es rezarle tres veces al día para fortalecer el amor y la conexión con los ancestros.

Ellos te van a contestar si les pides consejos sobre el incienso y las hierbas que debes comprar.

. . .

Sólo asegúrate de confiar en las respuestas que obtienes.

Por ejemplo, puedes preguntar qué tipo de incienso quiere tu abuelo.

Confía en la respuesta que recibas, aunque esto puede parecer como algo que no te parece muy lógico.

Muestras de amor de tus ancestros

- Puedes escuchar su canción favorita.
- Puedes llegar a escuchar que una persona habla como un ancestro o dice una frase usual de tu familiar.
- Encontrar un penique o centavo en la casa o caminando en la calle es una manifestación de amor de tus ancestros.
- También puedes encontrar una pluma de ave que parece fuera de lugar.
- Sentir una brisa cuando no hay nada de aire soplando a tu alrededor.

Ángeles y arcángeles

Crear una relación con los arcángeles y los ángeles puede ser una experiencia muy bonita. En situaciones en la que te sientes mal y triste, a veces puedes llegar a sentir con el ojo de tu mente que un ángel ha llegado y te abraza. Esto puede ayudar a cambiar tu humor y sentirte mejor, ya que puedes detectar la esperanza, el amor y la gratitud.

Es algo realmente sorprendente y que puede llegar a confortarte. Es maravilloso que un ángel simplemente se acerque a ti y te ame cuando necesitas sanación para liberar el peso del día. Aunque no hayas pedido esa ayuda, estas cosas están disponibles y abiertas para ti para cuando lo necesites. Eso es lo que significa tener apoyo cósmico. Realmente es algo maravilloso de conocer. Tal vez pienses en cómo es la apariencia de un ángel. Es algo variable para cada persona. Puede ser un ser traslúcido con colores que resaltan la luz del ángel.

Lo más importante es que puedes llegar a sentir completamente el amor y la protección. Incluso, el solo recuerdo de esta experiencia puede darte una sensación de calidez.

Canalizar a los arcángeles

En estas páginas puedes encontrar información de cuatro arcángeles. Puedes canalizar a cualquier arcángel con el que sientas una conexión. Asegúrate de tener un poco de información sobre ese ser que estás a punto de contactar.

· · ·

Ejemplo de un ejercicio

Para invocar diferentes arcángeles y espíritus con la misma técnica de oración, puedes decir lo siguiente: "arcángel Miguel, yo te invoco y te pido que vengas y compartas tu energía conmigo mientras me abro a la sanación y a la protección angélica. Permite que tu llama ultravioleta me cubra y me proteja de todas las energías que no son para mí bien ni para el bien mayor, así sea".

Pon atención a las diferentes sombras y a las tonalidades púrpuras que permiten la confirmación de que la energía del arcángel Miguel se ha manifestado para la comunicación espiritual. La siguiente parte la puedes decir mentalmente: "arcángel Miguel, por favor mezcla tu energía con la mía y dame la tan necesaria y apreciada guía, así sea".

Arcángel Miguel

- Guardián del sur
- Elemento del fuego
- Arcángel de la protección y la pasión
- Día de honor: domingo
- Colores: azul y morado
- Brinda paz y tranquilidad al saber que el protector está cerca

Arcángel Rafael

- Guardián del este
- Elementos del aire
- Sanación, especialmente la sanación mental
- Su día de honor es el miércoles
- Color: verde

Arcángel Uriel

- Guardián del norte
- Elemento de la tierra
- Dinero, estabilidad material
- Su día de honor es el sábado
- Color: rojo

Arcángel Gabriel

- Guardián del oeste
- Emociones, amor
- Día de honor: lunes
- Colores: blanco y cobre

Maestros expertos ascendidos

. . .

Los maestros expertos son aquellos que eligieron regresar a la tierra para aumentar la conciencia cósmica. Sin embargo, hay muchos maestros efectos que han ascendido. Los maestros expertos vienen y enseñan a otras personas a dominarse a sí mismos. Hay corrientes de pensamiento que creen que Buda y Jesucristo son maestros expertos.

Se puede llamar a los maestros expertos para canalizarlos y así recibir mensajes de sanación. Una forma de crear una relación con los maestros expertos es aprender sobre lo que hicieron mientras estaban en la tierra. Cuando llenas tu conocimiento de ello, se vuelve mucho más fácil saber con quién te estás comunicando. También sirve preguntar.

Recuerdos energéticos o fantasmas

Al ser seres de energía liberamos mucha energía acumulada durante las pruebas emocionales. Suele pasar que esta energía se queda atorada en las habitaciones de tu casa. Aquellas personas que no son conscientes de esto pueden o no haberse dado cuenta de la energía cuando se mudan a una casa nueva. Dependiendo de la energía, aquella que no ha sido limpiada o liberada puede dejar una marca muy fuerte. Una marca de energía que puedes llegar a sentir y que puede ser absorbida por los empáticos tan pronto como entran a la habitación. ¿Alguna vez has entrado a una habitación y puedes notar que se siente triste o enojada? Alguna persona que tuvo problemas con la depresión pudo haber dejado esa energía. Tan puede suceder que la persona haya aprendido a mantener la paz energética en casa y todavía se puede sentir esa energía. Lo mismo sucede con un lugar en el que se reza si alguien rezaba todos los días en ese lugar y esas oraciones todavía siguen ahí. Recuerda que la energía no puede ser destruida, sólo transformada.

6

Crear tu propia biblioteca de espíritus

El alma de tu espíritu ha estado demasiado desordenada por mucho tiempo. Es momento de ordenar todo y definir tu mundo.

Al dar una lectura de mediumnidad, es muy importante fomentar la confianza durante el viaje. Tener tu propia biblioteca espiritual es un método de interpretación preciso y comprobado. Así pues, durante tus lecturas, el mundo espiritual se va a comunicar contigo por medio de tu propia biblioteca. Leer la biblioteca espiritual de otras personas te ayudará a expandir tu propia biblioteca. Igualmente, el mundo espiritual aprecia cuando te abres y tienes la disposición para aprender.

Como hemos explicado antes, el mundo espiritual se comunica por medio de imágenes, símbolos, sonidos y cualquier cosa que puedas comprender por medio de tu conciencia. En esta biblioteca incluimos cómo se comunican los espíritus por medio de la clarividencia, es decir, con imágenes simbólicas.

Caballos

Los caballos pueden simbolizar la fuerza y el poder para una persona que porta la energía de sentirse imparable. Se entiende que esta persona es alguien valiente e intenta dar lo mejor de sí misma para ser exitosa en todas las áreas de su vida.

Hay ocasiones también en las que los espíritus te comunican cosas que tú no sabes, pero tu cliente comprende. Como médium, no tienes que saber todo lo que los espíritus te dicen, solamente tienes que comunicar los mensajes. Por eso tienes que tener fe en el espíritu que habla contigo. Una vez que hayas confirmado la conexión entre el espíritu y tu cliente, puedes preguntarle cosas respecto a por qué apareció y cuál es el mensaje que quiere entregar.

En muchas ocasiones, muchos espíritus se aparecen para comunicarse con una persona en particular si han perdido a muchos seres queridos. Algunas veces, muchos espíritus se parecen para mostrar una gran abundancia de amor y apoyo. En otras ocasiones, quieren hablar con alguien y tener su oportunidad para conectar y fortalecer la relación.

El caballo también puede simbolizar al mismo espíritu que acude para agradecer o para comunicarse con un ser querido. Esto suele pasar con los espíritus que tienen gran poder y presencia. Además, suelen ser bastante insistentes a la hora de comunicarse con el clarividente.

En muchas ocasiones recibirás mensajes que no entiendes del todo y parecen un misterio, pero tu intuición te dirá con quién debes comunicarte para entregarle ese mensaje. Puedes recibir sensaciones de un espíritu que intenta llamar tu atención cuando estás hablando con una persona en específico. Eso significa que el mensaje es para esa persona.

Esta es la belleza de la mediumnidad. Cuando una persona muere no es el fin del mundo.

Claro que experimentamos dolor y pérdida, todo es parte de nuestra experiencia humana. Nuestro alivio está en saber que podemos comunicarnos con el mundo espiritual y volver a conectar.

. . .

Puedes crear tu propia biblioteca de espíritus al definir lo que cada cosa significa para ti. Tener esta relación con los espíritus es crear y fomentar la comunicación y la confianza. Debes pasar algún tiempo con los espíritus para definir lo que significan para ti las imágenes, las palabras, los sonidos, los aromas y todo lo demás.

Por ejemplo, si llegas a sentir una brisa en tu espalda y eso llama tu atención porque no es algo que esperas en ese momento, puedes llegar a identificar un mensaje importante. Inspección de definir los términos que tú puedes comprender.

No se trata de simple imaginación, porque te darás cuenta de que llegas a tener conocimientos de situaciones y personas que no puedes explicar su origen, simplemente no tienes otra forma de saber esa información que haberla recibido de una inteligencia superior.

Así pues, los espíritus son quienes te piden que definas tu propio mundo. Tienes el poder y la habilidad para nombrar las cosas del mundo que te rodea. Puedes hacer equipo con un espíritu y nombrar o definir tu mundo. Así es como creas tu biblioteca espiritual.

7

Fomentar la confianza con los espíritus

Suele pasar que durante tu desarrollo te preguntas si todo lo que ves y vives es real o es una invención tuya. No te preocupes, las pruebas llegarán a ti aun cuando no quieras verlas, así sabrás que debes confiar un poco más y preocuparte menos. Preocuparte sobre qué dirán las personas es algo que aprendes a superar cuando eres un médium. Por eso es importante saber lo importante que es el entrenamiento de desarrollo. No te preocupes si no tienes todos los detalles y lo hechos.

La preocupación es una distracción enorme que impide que el médium lleve a cabo su trabajo. No tienes que saber cómo lo haces exactamente. Sólo necesitas saber que estás diciendo todo lo que te piden que comuniques.

. . .

Cuando aprendes a dejar ir tu necesidad de controlar todo es cuando abres los ojos a nuevas posibilidades para tu desarrollo. No tienes que saberlo todo, sólo tienes que hablar.

Cuando reconoces y aceptas esa verdad sientes una gran libertad. Los dones llegan sin una necesidad de castigo o arrepentimiento, así que no tienes que "ganarte" tus dones. Vivimos en un mundo ya creado y todo lo creado ya está completo. Los árboles, toda la naturaleza, los elementos, todas las almas que existen desde el inicio de su vida hasta la siguiente.

Las dudas en uno mismo es algo que tienes que superar. Hacer algo con el propósito de validación exterior puede ser peligroso emocionalmente. De verdad significa entregar tu poder a alguien más. La duda simplemente significa no creer en ti mismo. La causa de la duda es la baja autoestima o el bajo valor que te das a ti mismo. Esto lleva a un círculo doloroso en el que puedes hacerte pasar por muchos cambios sólo para proporcionar pruebas.

Tienes que reflexionar y comenzar a preguntarte si en verdad sería algo malo ser quién eres en verdad.

. . .

Por eso tienes que dejar de decir tantas cosas malas sobre ti mismo, ya que son un obstáculo para ti. Debes darte cuenta de que es el ego quien impide que realices el trabajo que los espíritus te han encomendado. Cuando te das cuenta de esto, tu consciencia despierta dentro de ti.

Ser capaz de identificar esto también es parte de tu trabajo.

El camino de la mediumnidad es algo que tienes que enfrentar tú mismo. Lidiar con las palabras negativas, las dudas, los miedos y seguir avanzando. Los espíritus te han llamado a este trabajo por dos razones. El primero es la sanación y ascender a una mejor versión de ti mismo. La segunda razón es para que puedas ayudar a otras personas a sanar y que lleguen a una mejor versión de ellas mismas. De verdad que estamos en este mundo para sanar, ascender y servir.

Imagina que una persona no te proporciona la información que necesitas para sanar y que tenía miedo de decirte porque no sabía qué pensaría de él o ella.

Ahora imagina que vas por la ciudad diciéndole a todo el mundo que tienes los poderes para otorgar lo necesario para cambiar la vida de la gente y luego huyes y te escondes por miedo. Eso significaría que le estás dando poder al miedo sobre ti, sino también que tienen demasiado miedo para hacer lo que realmente deseas hacer con tu vida. Todo esto puede sonar muy loco, pero es algo que sucede.

Los médiums deben aprender a liberar el control y darse cuenta de que tienen una tarea más importante en esta vida. Las personas que los espíritus mandan contigo están ahí para sanar, no para juzgarte ni para hacerte pasar un mal rato. Eso solamente en resistencia y es algo que todos experimentamos de vez en cuando. Tus clientes quieren sanar y conectar con el mundo espiritual. Hay una parte de sus almas que quiere recordar que la vida después de la muerte es real y que tú eres el canal que permite que eso ocurra. No interrumpas el flujo divino que se encuentra en ti.

Cuando recién comienzas a tus lecturas de mediumnidad, puedes registrar o grabar toda tu sesión y entregarla al cliente, eso te puede liderar de un gran peso de encima.

Durante la lectura, el cliente se puede poner sensible y esto puede hacer que no ponga mucha atención a la información que le proporcionas. Cuando te encuentras en el flujo divino, la sanación ocurre y, a veces, esta sanación puede tardar un poco. No te preocupes de eso porque cada sesión no se trata de ti. Cada sesión que tienes se trata de la conexión del espíritu con tu cliente y tú solamente eres el canal. Mucha información puede pasar desapercibida, en especial si ustedes son los únicos escuchando las palabras claves y los eventos. Al ser un flujo, tú no tienes la tarea de detectar y liberar la información. Tu rol es estar dispuesto y abrir un canal de comunicación. Así pues, puedes ofrecer una grabación de la sesión lo que permite que cada persona pueda relajarse y escuchar después la grabación. Tu trabajo es confiar en la información que llega a través de ti. Todo lo que se dice durante la lectura es importante que la comuniques y que interpretes ese mensaje. Tu papel es hablar.

Resistencia

Conforme crece tu confianza en los espíritus, te darás cuenta de tu resistencia en el viaje y en el proceso. Este viaje espiritual es algo que puedes observar para analizarte a ti mismo. Todos tus demonios mentales internos se manifiestan ante ti.

Puedes ver que tu comportamiento te presenta como un enemigo para ti mismo. Todas esas dudas surgen de ti, la necesidad de control es algo tuyo y todas esas palabras negativas que te hacen sentir inferior es algo que te dices a ti mismo. Imagina intentar obtener resultados y no darte cuenta de que eres tú mismo quien impide esos resultados. Tienes que dejar ir la necesidad de presionar a las personas.

. . .

Esto es algo que le puede suceder a cualquiera y puede ser una afectación para tu vida y trabajo. Dejar de dudar de tus palabras e instintos. La meditación te puede ayudar a aterrizar tu energía y superar estos bloqueos. No dejes que tus dudas e interpretaciones personales impidan que entregues el mensaje completo. Recuerda que no importa si no tiene sentido para ti, puedes tener todo el sentido del mundo para tu cliente y tú no tienes forma de saberlo.

Esta es la cruda realidad sobre ser un mensajero de los espíritus. Debes superarte a ti mismo. El trabajo de un médium es saber que nada de esto se trata de ti. Todo se trata de los espíritus trabajando a través de ti para ayudarte a sanar a las personas.

No se trata de un viaje del ego. Confiar en tu relación con los espíritus se trata de aprender a dejar de creer que todo se trata sobre ti y que debes aceptar lo que te comunican. Recuerda que eres un sirviente elegido por los espíritus y las fuerzas superiores. Debes liberar esas partes oscuras de ti mismo que quieren tener el control y que están afectando tu vida de forma negativa. Deja que el poder divino fluya a través.

Los espíritus solamente quieren que comuniques la información que te brindan. Además, esa información no es sobre ti, sino que se trata de la persona con la que estás hablando. Esto es algo muy importante que debes comprender. Una vez que comienza la lectura de mediumnidad, todo lo que sucede durante la sesión es parte de la lectura.

8

Crear límites espirituales

Muchas veces me he dado cuenta de que los espíritus se comportan de forma similar a como lo hacían cuando estaban vivos. Te puedes encontrar con espíritus insistentes, espíritus parlanchines, espíritus bromistas y aquellos que se sienten terriblemente mal por cómo trataron a otros cuando estaban vivos. Tomando en cuenta esta experiencia, es muy importante crear límites con los espíritus con los que trabajas. El respeto mutuo es muy importante. Esa es una de las razones por las que se le agradece al espíritu cuando aparece para una lectura.

Cada oportunidad para canalizar para otras personas es un regalo. Es decir que llegas a recibir un pago por tus servicios para sanar a las personas del mundo.

. . .

Puedes llegar a experimentar con mucha frecuencia la confirmación sobrenatural. Puedes llegar a vivir con un propósito. Es una interacción muy interesante y agradable.

Debes tener cuidado cuando recién empiezas y estás abierto a muchos espíritus a la vez sin haber establecido tus límites. Esto puede ocasionar que se aparezcan muchos espíritus a la vez y te costará trabajo concentrarte en el espíritu que acude con tu cliente. Igualmente puede ocurrir que un espíritu insistente se aproveche de tu falta de barreras e intente comunicarse contigo cuando tú no quieres. Los médiums pueden pasar momentos difíciles como estos y eso tiene como consecuencia unos bloqueos que distraen al médium. Esta experiencia tiene una tormenta emocional que puede bloquear tus receptores.

Aunque sean mensajes o interacciones inocentes que no te hacen daño, puede ser molesto e intrusivo cuando los espíritus llegan a acceder a tu energía sin tu permiso. Se siente como si alguien llegara de la nada a darte órdenes.

El espíritu puede acceder a tu energía y cambiar tu visión para llamar tu atención.

Llega un punto en tu vida de médium que se vuelve necesario establecer límites. Tú tienes que elegir cómo, cuándo y dónde entregar los mensajes. Necesitas que el mundo espiritual sepa que, aunque estás al servicio de la humanidad, también tienes una vida propia.

Aunque la mayoría del tiempo las experiencias son agradables y enternecedoras porque las personas llegan a escuchar cosas de sus seres queridos difuntos, no es agradable que llegue un espíritu a transmitirte un mensaje cuando estás en la fila del banco o en la sala de espera del médico. Cuando ocurre en un lugar público, al principio pueden considerar que eres una persona loca, pero luego de dar el mensaje y ver tu certeza, más personas querrán que les entregues mensajes. Tu ego hará que tengas miedo de tu grandeza, no querrás que todo el mundo sepa de tus habilidades. Es el miedo de no ceder el control. Imagina lo que sería no tener miedo y aprovechar tu grandeza para otorgarle a todas las personas los mensajes que necesitan escuchar.

Colocar límites

1. Lo primero es decir una oración antes de comenzar a dar una lectura. Dependiendo de lo que funcione mejor para ti, puedes decir la oración en voz alta para establecer las intenciones y la atmósfera.
2. En tu oración puedes dar a conocer lo que quieres.
3. Si estás fuera de tu lugar de trabajo y no quieres

hacer lecturas, tienes que aterrizarte cuando sientes las energías espirituales. Respira profundamente y tranquiliza tu energía. Mientras estás en el proceso de afianzarte a la tierra, puedes decir las cosas en tu mente, pues los espíritus hablan de forma telepática. Les puedes comunicar que no estás trabajando de momento, que ese es tu tiempo libre o tiempo personal. Si el espíritu es muy insistente, entonces puedes preguntarle cuál es la urgencia.
4. Si detectas energía que no es la tuya, puedes decir que no es tu energía y mandarla de regreso. Esto ayuda mucho cuando detectas la energía de otras personas.
5. Establece tus horas de trabajo. Aunque seas flexible, tienes que comprometerte a planificar tu horario. Aunque el tiempo en el mundo de los espíritus se comporta de forma diferente, especificar tu horario le dice a los espíritus que estás ocupada. Es casi como si los espíritus aprendieran tus patrones de comportamiento y supieran cuando es un buen momento y cuando no.
6. Cuando terminas una lectura, agradece a los espíritus por haber acudido y por respetar tu tiempo y espacio.

Al inicio es normal sentir un poco de culpa, pero tienes que estar bien consciente de que esto lo haces por tu bien y para cuidar de ti mismo. También te ayudará a saber mejor cómo estar en el momento y canalizar para otras personas. Las barreras y los límites que estableces con otras personas en el mundo físico son las mismas barreras que estableces con el mundo espiritual. Respetar tus límites en ambos mundos será algo positivo a la larga.

9

Mediumnidad de trance

La mediumnidad de trance es cuando permites que el mundo espiritual trabaje a través de ti para lograr hacer cosas en el plano terrenal. Para mover cosas en este reino, todos necesitamos tener un cuerpo. El cuerpo nos da permiso para crear, generar y provocar un cambio en el mundo físico. La clave está en saber cómo funcionar dentro del cuerpo humano. Eres un espíritu caminando en esta tierra en un cuerpo humano. Creas y provocas cambio en el mundo cuando te alineas y trabajas con tu espíritu. Mientras estás en trance, el médium sigue consciente. A diferencia de la mediumnidad activa, un médium de trance es pasivo y casi todo lo que hace es mirar mientras el mundo espiritual usa la mente del médium para mostrar su trabajo. El mundo espiritual usa la telepatía.

. . .

La telepatía es la comunicación de los pensamientos y las ideas por otros medios que no son los cinco sentidos principales.

La mediumnidad es la relación que tienes con el mundo espiritual. Esta relación con el mundo espiritual comienza en el momento en el que naces en este mundo. Tu nivel de impacto y consciencia aumenta cuando abres tus habilidades para recibir información a través de tus sentidos.

Por ejemplo, la energía no tiene color. El propósito del color es estimular tus sentidos para identificar la información por medio de la frecuencia.

Por ejemplo, ahora vamos a examinar la forma en la que identificamos los chakras, ya que se marca cada frecuencia con un color.

1. Chakra raíz = color rojo.
2. Chakra sacro = color naranja.
3. Chakra del plexo solar = color amarillo.
4. Chakra del corazón = color verde.
5. Chakra de la garganta = color azul cielo.
6. Chakra del tercer ojo = color índigo.
7. Chakra de la corona = color violeta.

Aquí hemos enlistado los 7 chakras principales de los

13 conocidos que existen en el cuerpo humano. La realidad es que hay cientos de chakras en el cuerpo humano.

Identificamos el chakra raíz como un color rojo brillante y vibrante. El rojo significa la energía de la pasión y una emoción poderosa. Esto nos permite la oportunidad de tener un punto en el que podemos concentrarnos. Tener colores como puntos de energía nos permite expresar qué tan seguros nos sentimos con las emociones que tenemos y volverlas algo que podemos ver.

También se puede identificar el rojo con el fuego y conforme nos sentamos en el fuego de nuestra energía, podemos permitir que nuestras llamas de energía se eleven. Conforme las llamas internas y externas se levantan, eso abre y limpia los chakras ascendentes.

El naranja se puede identificar con las emociones, justo como la punta de las llamas del fuego es de un precioso naranja que penetra fácilmente al igual que nuestras emociones. El chakra sacro se encuentra entre la pelvis y el ombligo.

Por lo general, almacenamos estrés de energía emocional, dolor y tensión en nuestra espalda baja o en nuestro cuello.

Esta energía nos ayuda a ver cómo nos va en nuestro cuerpo emocional.

En la meditación, si llegas a ver colores que se mueven, significa que estás viendo un aura. Los colores que ves son tu aura y, conforme expandas tu visión en la meditación, puedes ver más allá dentro del mundo espiritual. Es una experiencia increíblemente mágica sentarse mientras meditas y ver nuestros chakras fluyendo en ambas direcciones entre el cuerpo y el mundo espiritual. Esta energía pasa a través de la parte frontal y fuera de tu cuerpo por la espalda. Tienes chakras en todo tu cuerpo. Ver tu propia aura es una señal de que tu clarividencia está creciendo y que tu tercer ojo se está abriendo.

Cuando expandes tu consciencia puedes ver cómo cambia de ser una sola gota de agua en el océano y se expande para ser un océano completo. Durante una sanación por medio de la mediumnidad de trance puedes verte como tu cliente y el cliente siendo tú.

Durante la sanación de mediumnidad de trance, tu energía y la energía del cliente se mezclan.
    Luego puedes comunicarte con los espíritus en tu mente. En ese momento le puedes decir al mundo espiritual que te gustaría ser un elemento pasivo y sólo mirar.

. . .

Luego puedes llegar a ver lo que el mundo espiritual te muestra por medio de la clarividencia, de la clarisentencia o de la clariaudiencia. Entre más practiques y hables con el espíritu, más fuerte es la conexión. Los círculos de desarrollo son valiosos, así como también lo es continuar con el entrenamiento y la práctica.

Comienza la meditación y pon atención a tu respiración.

Tranquilízate y entra en un estado de relajación para que puedas moverte a una posición más pasiva. Aquí es cuando le dices al mundo espiritual que sólo quieres mirar. Los espíritus son quienes hacen todo el trabajo y tú puedes ser testigo de ese milagro.

Conforme los espíritus trabajan en el cuerpo energético de tu cliente, ellos te pueden resaltar una parte de su cuerpo con la que tenga problemas, significa que brilla con una luz diferente.

Los espíritus se concentran mucho en las zonas con problemas para comunicarte lo que sucede y lo que debe hacer la persona para sanar.

. . .

Esto es diferente de la mediumnidad probatoria en la que eres un médium activo y comunicas los mensajes que estás viendo mientras ocurren. Durante el trance solamente eres testigo y estás esperando a que el mundo espiritual termine con su trabajo. Una vez que termina el mundo espiritual, entonces es el momento de comunicar los mensajes.

La mediumnidad de trance tiene mucho que ver con el desapego. Puede resultarte más fácil confiar en los espíritus de esta manera cuando no sabes nada sobre tu cliente. Muchas veces no es fácil detectar cuando tienen un problema de salud, emocional o mental. Tu papel se trata de ser testigo de lo que ocurre y luego comunicarle a la persona lo que está haciendo el mundo espiritual y dónde se está concentrando para sanar a la persona.

Después de que termina la sanación, tienes que limpiar tu propia energía antes de pasar al siguiente cliente.

Básicamente, los pasos son los siguientes:

1. Cierra los ojos.
2. Respira profundamente tres veces para limpiar y aterrizar tu energía.
3. Pide a tu espíritu guía que acuda y te ayude con la sanación de trance.
4. Comunícale a tu guía espiritual que sólo estás ahí

para observar y contar lo que ocurre durante la sanación.
5. Agradece al mundo espiritual por haber acudido y por realizar la sanación.
6. Transmite el mensaje de lo que ocurrió a tu cliente.

Dependiendo de la persona para la que hagas una sesión puedes llegar a ver o sentir cosas diferentes.

Cuando se mezclan las energías puedes sentir lo que siente y ver lo que padece. El dolor se torna un brillo en la parte del cuerpo afectada. Puedes ver y sentir cuando los espíritus sanan a la otra persona.

10

Utilizar herramientas en tu práctica de mediumnidad

AHORA HABLAREMOS de la canalización por medio de la psicometría. Técnicamente, la psicometría es parte de las Claris y se le conoce como claritangencia. Esto significa tener un tacto claro. Es como tener ojos en las manos.

Puedes percibir cosas de los objetos sólo con tocarlos. La claritangencia es una herramienta muy útil para un médium.

La psicometría es un tipo de lectura que implica leer la energía de una imagen o de un objeto ya sea para dar una lectura de energía o para acceder a la energía de un familiar fallecido para convocarlo.

. . .

Las personas suelen traer una fotografía de su familiar y el médium se sienta mirando la fotografía mientras invita al espíritu a que acuda.

Si nos basamos en lo que explicamos en capítulos anteriores cuando hablamos de las Claris, los espíritus pueden aparecer hablando, mostrándote imágenes o símbolos o permitiendo que sientas diferentes sensaciones en tu cuerpo si eres el médium. La psicometría también la puedes hacer con un objeto personal.

La psicometría ocurre cuando se mezclan las energías y aparece la información. Nombres, fechas, cómo murió una persona, e incluso recuerdos precisos de momentos especiales.

Canalizar por medio del tarot

En la mediumnidad de tarot puedes utilizar la carta como un ancla. Es maravilloso permitir que la carta elegida sobresalga de la baraja. Esto te ayuda a saber y a ver que no es que hayas elegido la carta.

. . .

Cuando la carta sobresale o te llama la atención, entonces puedes ver la dirección, el tema y el mensaje en el que el espíritu quiere que te concentres.

1. Para comenzar con este tipo de lectura, primero debes recitar una oración de apertura. Antes de cada lectura y sanación, lo mejor es establecer tu intención para cada experiencia por medio de la oración. Llama a tu equipo de espíritus, a tu ser elevado, a tus guías y a tus amados ancestros que quieran ser parte de tu lectura. Para abrir el círculo, golpea tres veces o suena una campana. Pide que se abran las puertas o el círculo. Si estás ofreciendo una lectura para otra persona, asegúrate de incluir su nombre en la lectura. Aquí un ejemplo: "Querido espíritu, por favor permite que este espacio esté limpio y abierto para que comience tu divino trabajo. Querido espíritu, por favor permite que mi cliente esté a punto de recibir lo que necesita en su vida. Por favor permite que su equipo de espíritus hable libremente durante esta lectura. Por favor permite que esta lectura sea para el bien mayor de mi cliente y para el bien de todos. Así sea". Luego golpea tres veces y di "abran las puertas". Ahora está abierto el círculo.
2. Ahora verás lo que ha vivido tu cliente a lo largo de toda la semana. El tema será la carta que sobresalga primero. Cuando esto ocurre puedes meditar respecto a la carta y preguntar a los

espíritus por qué ha salido esa carta y que te ayuden a comprender. Toma nota de cualquier cosa que surja después de haber hecho esa pregunta. Debes estar listo para recibir porque es seguro que recibirás la información.

3. Lo siguiente es preguntar para cuantas preguntas debes hacer espacio. Por lo general, la respuesta suele ser espacio para 6 o 7 cartas. Voltea una carta a la vez. Así no te sentirás abrumado por toda la información que llega a ti.
4. Pregunta si hay algún espíritu esperando para comunicar algún mensaje. Te sorprenderá lo rápido que hablan los espíritus. Algunas veces, son varios los espíritus que quieren hablar y aquí es cuando tú entras en juego para poner orden y establecer límites.
5. Después de comunicar el mensaje, es mejor dedicar unos minutos a contestar preguntas del cliente. Una vez que todas las preguntas hayan sido contestadas en el tiempo designado, es momento de cerrar la sesión.
6. Agradece a todos los espíritus que han acudido a ayudar con la lectura y libera a los que necesiten irse. Toca una campana o golpea tres veces sobre la mesa. Pide que se cierren las puertas o el círculo.

Canalizar la sanación por medio de la danza

. . .

La danza implica mucha energía. La energía que utilizas para bailar le da un gran impulso a tu intención. Hay una frecuencia que va de la mano con cada paso. Una frecuencia que mandas al universo con cada movimiento que haces.

¿Alguna vez has visto una danza que tiene la intención de hacer una conexión espiritual? Es como si la persona que baila se volviera otra. Eso es la canalización. Algunas personas bailan por el arte de la conexión espiritual.

Otras personas canalizan para volverse un portal para los mundos físico y espiritual.

En la espiritualidad africana, la danza se utiliza para cargar tu magia en tu oración de petición.
Esta es una forma de canalizar la energía del éter, del mundo espiritual.

En el mundo de los Ifa y de los Voodoo, los orisha y los lwa tienen una danza y un canto correspondiente para invocar energía. El propósito de invocar energía del mundo espiritual es llenarte con este poder. Luego de eso puedes proyectar esa energía a la atmósfera. Es una forma muy poderosa de canalizar. Al dejar que el cosmos se mueva a través de ti va a electrificar y a transformar a las personas mientras fluye la energía espiritual. Puedes sentir en tu alma la necesidad por moverte, no sabes por qué te mueves, sólo lo sientes.

Objetos con los que puedes canalizar

Hay ocasiones en las que incluso puedes acceder a tus vidas pasadas. A veces simplemente puedes recordar ciertas cosas que hiciste en tu vida pasada a partir de tus genes ancestrales ahí que puedes acceder por medio de la memoria en tu línea de sangre.

En ocasiones, el espíritu te puede guiar para que agarres unas cuantas cosas.
Recuerda que el espíritu es sobre espiritualidad y las prácticas íntimas son para fortalecerte.

1. Alcohol: el alcohol se utiliza para alinear tu energía con la intención de la vela. Tienes que tomar un trago pequeño de alcohol y escupirlo sobre la vela como spray. Se recomienda hacer esto tres veces.
2. Cannabis: el cannabis se utiliza para relajarte. Los nativos americanos consideraban esta planta como una hierba sagrada y la utilizaban para

ayudar a sanar a las personas y con la intención de limpiar, clarificar y liberar.
3. Una vela amarilla: la vela de este color se necesita para fortalecer la creencia en ti mismo y ser un mejor amigo para ti mismo.
4. Miel virgen sin filtrar: esto simboliza el amor propio y la dulzura.
5. Algunas de tus hierbas favoritas, por ejemplo, canela o hierbabuena.
6. Música que te haga sentir vivo y más elevado, con vibraciones y que te haga disfrutar la experiencia.
7. Aceites esenciales como los siguientes: menta para refrescar el espíritu, eucalipto para abrir tu espíritu al ritual que vas a realizar, canela por su dulce aroma o caléndula para las bendiciones espirituales.

Toma las hierbas y escucha la música que te deja en un espacio abierto y lleno de vibraciones. La elección de la música depende de ti, pueden ser tambores ancestrales o música moderna con la que conectas tu energía. Escuchar a tu guía espiritual te ayudará bastante para saber qué usar y cómo usarlo. Quizás te dice que bailes alrededor de la vela, puedes intentarlo y divertirte un poco. Si recibes mensajes mientras bailas, escríbelos en un cuaderno. Esto es diferente al baile en trance.

Tablero de ouija o tablero espiritual

. . .

Existe mucho miedo alrededor del tablero de ouija, también conocido como tablero espiritual. Existen muchas series de televisión y películas de terror que se refieren al tablero espiritual como algo a lo que se le debe tener miedo. Espero que, si tienes miedo de la ouija, después de leer esto ya no le tengas miedo. El tablero espiritual es una herramienta, al igual que los cristales o las cartas del tarot. Puedes comprar un tablero espiritual o fabricar uno tú mismo. Al igual que con todas las herramientas, es importante rezar y limpiar tus herramientas antes de usarlas para remover cualquier energía remanente no deseada. Una sugerencia es limpiar tus herramientas durante los diferentes ciclos de la luna.

La ouija es una herramienta en la que la persona se encuentra en un estado suave de trance de mediumnidad. Le permites a tu guía espiritual que te guíe a ti y a tus movimientos cuando te deslizas sobre el tablero. No perderás el control de ti mismo.

Escritura automática

La realidad es que la escritura automática no es tan increíble como parece en las películas y los programas de televisión. La escritura automática trata más de recibir inspiración. Descargas de información e ideas pueden llenar tu mente y simplemente escribes todo eso.

No obstante, hay otras experiencias en las que un espíritu puede poseer tus manos y escribir con ellas el mensaje que te quiere transmitir. Puede ser un don algo raro y que, al igual que con los otros dones espirituales, hay que entenderlo y procurarlo.

11

Decodificarte a ti mismo para ser más fuerte

Conocerte a ti mismo te ayuda a saber cómo implementar tus dones en este mundo físico. "Sé que yo soy un médium, pero ¿qué más significa eso para mí?". Esto significa revisar tus experiencias de vida y explorar las diferentes ciencias para ser capaz de verte mejor a ti mismo. Para aumentar tu conocimiento sobre decodificarte, puedes aprender sobre tu firma galáctica.

Una firma galáctica es quién eres energéticamente en el cosmos. Puedes investigar sobre esto en libros y en páginas web. Cuando escuchas tu hechizo de sueño de tu firma galáctica, te sientes como un chamán y simplemente tienes que dejar que la energía de haber escuchado eso llene todo tu cuerpo.

. . .

Algunas personas dicen haber experimentado escuchar tambores y sentir como si su cuerpo se transportara a un círculo espiritual. La energía es tal que puedes perderte en ella y llegar a otras partes.

Las personas necesitan saber quiénes son en el cosmos. El cosmos es como un gran océano galáctico lleno de diferentes energías, personalidades, familias y tribus. Al igual que con el profundo y místico mar azul aquí en la tierra, no necesitamos saber todo lo que hay dentro del océano.

De la misma forma no necesitamos saber todo lo que hay en el océano sobre nosotros.

Después de averiguar cuál es tu firma galáctica, puedes buscar hechizos de sueño. Un hechizo de sueño es tu firma galáctica transformada en cántico. Es algo maravilloso de escuchar.

Decodificarte a ti mismo es un proceso muy satisfactorio. Se trata de encontrar la estabilidad en tus prácticas espirituales y fortaleces tu relación con el espíritu. Todo lo que necesitas para decodificarte eres tú mismo.

. . .

Es una forma más elevada de amor propio porque estás invirtiendo tiempo en tu propio desarrollo. Esto te da confianza para seguir adelante al saber quién eres y qué es lo que debes hacer en este mundo.

Para aquellas personas que no tienen tiempo o energía para ellas mismas, puedes buscar a un médium que ofrezca lectura de firmas galácticas. Esto te ayudará a saber más sobre ti mismo y aprenderás más sobre la galaxia en la que vivimos. Esto te ayudará a ascender a una mejor versión de ti y aprender sobre la comunicación espiritual.

Otra forma de decodificarte a ti mismo es conocer tu número de camino de vida en numerología. Tienes un número de destino, un número de alma, un número de camino de vida y un número de nacimiento que te dicen una parte de tu misión del alma aquí en el planeta Tierra.

Para encontrar tu número de camino de vida, necesitas tu fecha de nacimiento y sumar todos los dígitos hasta tener una sola cifra de un dígito entre 1 y 9.

Por ejemplo, tomemos 12 de diciembre de 2012. Sería sumar 1+2=3 por el día, 1+2=3 por el mes y 2+1+2=5 por el año.

· · ·

Sumamos 3+3+5=11, y como son dos cifras las sumamos 1+1=2. Así pues, una persona que nació el 12 de diciembre del 2012 tendría como número de camino de vida el 2.

Otro ejemplo para decodificarte a ti mismo sería investigar en la astrología occidental. La sociedad de moda sabe que su signo solar es su signo de la carta natal, como acuario, tauro, leo, etc. Aunque saber tu signo solar es un buen lugar para comenzar, todavía hay mucha información que puedes aprender cuando decodificas tu energía.

Te sugiero que pidas una lectura de tu carta natal para tener un espectro completo de las diferentes energías en tu interior. Tienes un signo solar, un signo lunar, signo ascendente, planeta de la suerte, un signo de Saturno que te dice tus lecciones, un signo de Neptuno y un signo de Plutón que suele venir con la generación en la que naciste. Todos los signos vienen acompañados por un grado que apunta a la energía exacta que tienes en tu interior.

Explorarte a ti mismo es algo muy divertido. Es divertido saber quién eres además de lo que las otras personas te han dicho que serías cuando creciste. Puedes llegar a experimentar tú mismo en donde puedes explorar los colores de verdad auténtica. Se siente como aprender sobre ti mismo y luego identificar cada cosa sobre ti.

. . .

Cuando sabes quién eres, entonces eres más capaz de no confundirte en tu camino de mediumnidad. Ser un médium requiere valentía y fuerza. Habrá personas que serán un reto en tu camino debido a la falta de entendimiento. Ser valiente y lo suficientemente atrevido para ser dueño de tu propia mediumnidad no es diferente. Debes aceptar ser quien eres sin importar lo que las otras personas intenten decirte.

Libera las otras manifestaciones de resistencia y sigue siendo honesto contigo mismo. La resistencia es más que sólo liberar ideas, pensamientos y actitudes. A veces, liberar significa dejar ir relaciones o cómo ves esas relaciones. La resistencia aumenta tu fortaleza espiritual. No todo el mundo estará de acuerdo contigo, y no todo el mundo puede ir a donde tú vas. Algunas personas están en tu vida por un tiempo y por una razón, y eso es todo.

Por favor comprende que esta verdad está aquí para que tú la aceptes cuando estés listo. Uno no puede decir que haya dejado de tener una mentalidad de escasez y luego seguir de esa manera y tener amigos que solo hablan de eso. Dejar ir la resistencia significa liberar la energía que te rodea y que contiene en tu interior esa mentalidad de vibraciones inferiores.

Ejercicio de meditación consciente

. . .

El propósito de la meditación es ayudarte a darte cuenta de la importancia de tu persona en el presente. Te ayudará a comprender que el tiempo es una ilusión que te distrae del ahora. Esto te enseña a dejar ir tu ego, de aquello que evita que logres todo tu potencial. Es decir que te ayudará a experimentar tu verdadero ser tal y como es. El propósito de este ejercicio es ayudarte a abrir tus sentidos para que puedas utilizar tus habilidades espirituales y psíquicas.

Esta meditación tiene el propósito de tranquilizar los ruidos en tu mente para que tengas acceso a tu conciencia profunda. Así podrás estar más atento al mensaje espiritual que se presenta en diferentes formas cuando te concentras en el presente.

Para comenzar tienes que sentarte cómodamente en un lugar en el que no tengas distracciones. Cierra los ojos y asegúrate de sentirte cómodo. Ahora debes poner atención a tu respiración, concentrarte en el ritmo. No intentes cambiar la forma en la que respiras, eventualmente se volverá lenta y profunda sin que lo fuerces. Sigue concentrándote en tu respiración, sé uno con tu respiración. Si llegas a tener pensamientos que te distraigan simplemente vuelve a poner atención en el presente, no te recrimines por esos pensamientos. Solamente debes volver a poner atención cada vez que te distraigas.

. . .

Lo siguiente es dejar ir todo los pensamientos, miedos y preocupaciones que te pueden impedir el acceso a tu conciencia profunda. Olvida todo lo que crees que sabes y concéntrate en aquello que quieres conocer.

Ahora, imagina una mesa frente a ti. Colocas todos tus miedos y preocupaciones sobre la mesa, colocándolos uno por uno. Descansa de todas las percepciones que tienes sobre ti mismo y de las percepciones que otras personas tienen sobre ti. Olvidan a la persona que crees que eres, la que quieres ser y la que otras personas creen que eres.

Todo eso tienes que dejarlo ir. Siente cómo te vuelves más libre y ligero.

Concéntrate en el momento. Pon atención a las sensaciones de tu cuerpo y considera todos los sonidos, aromas y sensaciones que llegan de tu entorno. Si llega a surgir una preocupación o pensamiento durante la meditación, solamente debes imaginar que lo colocas en la mesa frente a ti. Debes permitirte entrar en tu interior más profundo, debes atravesar la superficie de tu mente. Observa los pensamientos que flotan en tu mente, pero no les pongas atención, sólo déjalos pasar.

. . .

Mientras te encuentres en este estado de meditación, puede ser que sientas algo de resistencia, como si algo fuera a pasar. Olvida estoy también y deja que tu atención permanezca en el presente. Sé consciente y abierto a la experiencia psíquica que puede suceder en cualquier momento.

12

Mejorar tu conexión con una alimentación saludable

Para volverse un mejor sanador y para ser un canal de purificación saludable, lo mejor es tener una mejor alimentación al eliminar la carne de animales y los alimentos blancos. Los alimentos blancos son los que vienen de granos blancos como el arroz blanco, papas blancas, azúcar blanca, almidones blancos y cualquier cosa que se transforme rápidamente en azúcares dentro del cuerpo.

Puede ser que tu experiencia sea un poco diferente, pero siempre es mejor llevar una dieta saludable para todos los ámbitos de tu vida.

Cuando descubres que las diferentes etapas de tu destino se alinean con la misión de tu alma, es importante escuchar e implementar esas acciones para evitar consecuencias que te impidan ser tu mejor versión, como por ejemplo tener una enfermedad.

Cada quien tiene una experiencia diferente y tienes todo el derecho de utilizar tu libre albedrío y elegir por sí mismo. Volverse un canal de purificación es algo que tiene que formar parte de tu vida, por lo que tienes que ser una persona sana y estar en un lugar en el que puedas purificar. Es parte de la misión de tu alma lograr un nivel de sanación y limpieza interna.

Esto aplica para todas las personas que sientan que la purificación es una parte de su misión. Existen otros médiums en el mundo que no requieren de este nivel de limpieza para su cuerpo y alma porque no se dedican a la purificación y sanación. Existen médiums que hacen lo que quieren. Pero, si la sanación es parte del contrato de tu alma, entonces esto es parte de tu misión. Esta información se alinea con tu destino de volverte un canal limpio y auténtico sin energía negativa que pueda absorber tu habilidad para cumplir con tu misión. Tu cuerpo es un transporte del espíritu y es parte del contrato de tu alma que esté bien cuidado.

Si constantemente recibes señales de que debes cambiar tu alimentación, es algo que debes escuchar, pues los mensajes no van a dejar de aparecer sólo porque no quieres aceptarlos. Escucharás que otros médiums te dicen que la alimentación no es importante, pero puede ser que no tengan el mismo tipo de contrato de alma que tú.

• • •

Una mejor alimentación te ayudará a sentirte bien en todos los aspectos, pues tu salud general y tu salud espiritual va a mejorar. Las molestias y enfermedades constantes pueden desaparecer, además de evitar posibles enfermedades futuras que podrían ser graves. Podrás dormir mejor, te sentirás más refrescado y consciente de tu cuerpo y energía.

Las dietas para limpiar tu sistema funcionan para ser un mejor canal entre el mundo espiritual y el mundo terrenal, además de brindar una comunicación más eficiente. Esto te ayudará para cuando quieras alcanzar niveles más altos de conciencia superior.

Nuestros cuerpos son increíbles y llegan a manifestar rápidamente la enfermedad, el dolor y otras molestias que te comunican que no está funcionando de forma apropiada. Basándonos en el primer principio hermético de que todas las cosas son mentales significa que para el momento en el que se manifieste la enfermedad en tu cuerpo físico, es probable que no hayas notado o hayas ignorado muchas de las señales y los mensajes para realizar el cambio. Experimentar enfermedades del cuerpo es el último recurso de la comunicación espiritual.

• • •

El cuerpo físico se comunica con tu alma y te demuestra lo que necesitas hacer. Si no haces caso, significa que tu ego está brindando excusas.

Los espíritus te pueden comunicar mensajes encuentro fases:

1. Primero está el mensaje. El mensaje llega para comunicarte que hay un problema que necesita ser atendido. Se presenta como información en la que simplemente necesitas tomar una decisión. Puedes tomar esta decisión para alinearte con el espíritu/amor o puedes alinearte con el ego/miedo.
2. Luego está la lección. La elección viene después de haber elegido ignorar el mensaje. Si has visto el problema, pero no elegiste de forma correcta, entonces pasas a la lección. Puedes ver por qué elegir tomar una decisión era lo mejor para ti. Si eliges ignorar la lección, ahí es cuando las cosas empiezan a salirse de control.
3. El tercero es la experiencia del caos. El caos aparece cuando todas las cosas no funcionan como deberían. Sientes como si tu vida no tuviera control. No hay felicidad y alegría. Esto tiene toda la intención de resaltar que no has captado la lección.
4. El cuarto paso es experimentar crisis. La crisis ocurre cuando claramente has ignorado el caos. El caos tiene el propósito de captar tu atención.

La crisis llega para decirte de parte del espíritu que te encuentras en el camino incorrecto. Los ejemplos de crisis son cuando alguien está muy enfermo, ha ocurrido algún tipo de accidente automovilístico o la policía ha llamado.

Esta información la incluimos porque, aunque elijas no seguir el camino de la mediumnidad, toda ella te puedes comunicar con el mundo de los espíritus. Tienes un equipo espiritual con el que has nacido. Tienes arcángeles, ángeles y ancestros que están preparados para apoyarte y guiarte en tu camino.

13

Beneficios de los dones psíquicos y espirituales

MUCHAS PERSONAS CONSIDERAN que las habilidades psíquicas y espirituales tienen muchos beneficios, por lo que las llaman dones. Cuando una persona se vuelve más receptiva a la comunicación psíquica, se puede volver más avanzado en lo emocional, mental y espiritual. Ahora que sabes que tienes más sentidos aparte de los físicos tradicionales, no aprovechar las habilidades espirituales sería limitarse a sí mismo como individuo. Se puede mejorar la comunicación más allá del mundo físico y puede mejorar tu vida en todos los ámbitos, incluyendo las relaciones personales, las finanzas y la consciencia del universo. La realidad es que las relaciones personales se pueden mejorar si se tiene una consciencia psíquica mejorada.

Parte de las habilidades de la psíquica es la telepatía, la cual reduce las posibilidades de malentendidos y errores de interpretación. Estos defectos de comunicación suelen generar problemas entre las personas debido a que una no comprende a la perfección lo que la otra quería comunicar. Es normal que las palabras se interpreten de forma errónea, pero la telepatía permite comunicar un pedazo de información de tu propia mente directamente dentro de la mente de la otra persona, por lo que puede haber una mejor comprensión del mensaje.

Todos los seres humanos tienen acceso a estas habilidades elevadas cuando se vuelven más conscientes del mundo espiritual y psíquico. Esta inteligencia superior llega más lejos que el razonamiento personal. De hecho, el razonamiento personal es un limitante que sufren todos los seres humanos. En cambio, la inteligencia superior fidelidad de la consciencia psíquica puede ayudar a diferentes aspectos de la vida. Por ejemplo, puedes ayudar a que tu pareja se sienta más cómoda emocionalmente porque detectas que hay algo que no influye positivamente en su estado de ánimo.

La forma de comunicación psíquica que puede ayudar a leer su mente para descubrir qué es lo que ocurre y también para descubrir una solución al problema.

Todas estas habilidades te pueden ayudar a mejorar tu vida personal, social, profesional y espiritual. Ahora enlistaremos unos cuantos beneficios de estas habilidades.

Se puede mejorar la comunicación

. . .

Desarrollar las habilidades telepáticas y espirituales también mejora las habilidades de comunicación y empatía. No sólo con uno mismo, sino también con las personas alrededor. Existe mucho potencial en el desarrollo de estas habilidades, ya que puedes descubrir lo que piensa una persona y otros rasgos sobre ella con sólo verla. Esto te ayudará a tener mejores relaciones e interacciones con las personas. La telepatía te permite saber cómo se siente una persona con precisión, sin que te lo diga literalmente. También puedes descubrir las causas de sus emociones y pensamientos, algo que es muy útil a la hora de solucionar problemas entre ambos.

Cuando conoces a una persona nueva, puedes utilizar tus habilidades para descubrir cómo se siente esa persona y así asegurar una mejor interacción en la que tu interlocutor se sienta cómodo. También te puede servir para saber los momentos en los que tu pareja necesita apoyo y así puedes estar presente cuando más se necesita.

En pocas palabras, la comunicación superior te permite un mejor nivel de intimidad con la otra persona.

Te vuelves más inteligente en cuanto a lo emocional.

. . .

Puedes saber lo que sienten las personas y la mejor forma de responder.

También significa que tienes una comunicación más precisa, ya que la telepatía evita los malentendidos y errores típicos del lenguaje hablado o escrito, ya que éstos no pueden comunicar con precisión las emociones y pensamientos. Al comunicarse por medio del espíritu y la mente se pueden transmitir cosas más abstractas y sintéticas que el lenguaje tradicional no permite. Es decir que también se puede compartir información más detallada de forma efectiva.

Por otra parte, la comunicación oral y escrita tradicional también se puede volver subjetiva por la forma en la que se comunica el emisor y la forma en la que lo comprende el receptor. Esa es una razón por la que el lenguaje tradicional causa conflicto entre las personas, sin importar las intenciones originales.

Así pues, una comunicación espiritual y mental puede comunicar la realidad de forma precisa, igual a como está en la mente del emisor. Sólo necesitas transmitir la información por medio de tu mente y estar atento a su respuesta.

Más información

· · ·

Las habilidades psíquicas y espirituales nos brindan acceso a información que no podríamos obtener de otra manera. Ya sea leer la mente y las emociones de las personas, o acceder a los universos superiores que tienen mucha información que influye en nuestras vidas. Se vuelve más sencillo intercambiar datos entre las dimensiones porque se tiene un acceso directo a nuevas fuentes de información que además evita los malos entendidos del lenguaje tradicional humano. Por medio de la comunicación mental se pueden intercambiar datos de diferentes fuentes y se pueden incluir sonidos, imágenes y cualquier cosa que se pueda pensar o imaginar.

También se pueden intercambiar otras formas de información que todavía no llegamos a conocer.

Esto se debe a que las formas actuales de comunicación han limitado mucho la experiencia humana por la cantidad de datos que se pueden comunicar con el lenguaje que tenemos actualmente. La comunicación mental representa una oportunidad para mejorar estas capacidades de comunicación de forma global.

Vibraciones más elevadas

Desarrollar tus habilidades psíquicas y espirituales por medio de la meditación es algo que te ayudará a aumentar tus vibraciones. Esto se debe a que la meditación permite acceder a todo lo que existe y que está hecho de energía. Todo el cosmos es una fuente de energía muy importante, por lo que esta energía fluye en todas las cosas que existen.

No obstante, la energía también existe en un espectro tal que podemos llamar vibraciones.

Por un lado, son vibraciones inferiores o bajas, de frecuencias densas que se asocian con las emociones y los sentimientos negativos.

Por otro lado, están las vibraciones superiores o elevadas, frecuencias asociadas con emociones y sentimientos positivos. Cuando una persona se encuentra del lado de las vibraciones superiores del espectro, significa que fluye energía elevada dentro de esa persona.

Igualmente podemos mencionar que dentro de esta frecuencia elevada es donde viven los seres superiores como las almas y los guías espirituales. Así pues, cuando entras en un estado vibracional elevado por medio de la meditación puedes conectar con los seres que ahí habitan y con la conciencia colectiva del universo. Entonces es cuando accedes a la información que proporcionan los ángeles, los guías espirituales, los maestros expertos e incluso las deidades.

Lograr este tipo de comunicación requiere meditación diaria para poder crear la mentalidad adecuada y utilizar las habilidades espirituales y psíquicas. La meditación te ayuda a llegar al estado vibracional más elevado que necesitas para acceder a todas estas cosas tan maravillosas. Cuando entras en estado meditativo de vibración elevada, tus portales psíquicos se abren.

Entre más practiques la meditación, más cerca estarás del extremo superior del espectro de energía y, en consecuencia, te volverás mucho más hábil a la hora de utilizar estos dones.

Te permite abrir tus centros de energía

Como hemos mencionado antes, los siete chakras principales que se encuentran en el cuerpo son los centros de energía que sirven como portales a través de los cuales fluye la energía dentro del cuerpo. Tener los chakras balanceados saludables es muy importante para el bienestar físico, mental, emocional y espiritual. Si quieres utilizar tus habilidades psíquicas necesitas mantener los chakras abiertos y balanceados para comunicarte con los seres espirituales y ser capaz de comprender sus mensajes.

Los chakras están relacionados directamente con los portales psíquicos. Por ejemplo, el chakra del plexo solar es el que más influye en tus habilidades clarisentientes, por lo que tener este chakra saludable te permite sentir los pensamientos, emociones y necesidades de la otra persona por medios psíquicos. Sin las habilidades Claris no podrías comunicarte con los otros mundos o, al menos, sería muy difícil.

Para abrir los portales necesitas trabajar con tus chakras y asegúrate de mantener los abiertos y balanceados en todo momento, excepto cuando quieras cerrarlos para tener momentos de descanso. Todo esto se logra por medio de la meditación.

Es muy importante meditar para abrir los chakras, mantenerlos saludables, cerrarlos e incluso para poner más atención en un chakra que en el otro. La energía continuará fluyendo dentro de tu cuerpo físico por medio de estos centros de energía, lo cual te mantiene en contacto directo con la fuente de energía cósmica.

Mejora tu conciencia sobre ti mismo

· · ·

Como sucede con muchas de las habilidades espirituales, los dones psíquicos ayudan a mejorar tu conciencia sobre ti mismo por medio del autodescubrimiento, aunque también te ayudan a ser más consciente de otras personas. Cuando desarrollas estas habilidades espirituales y mentales tienes la oportunidad de encontrar un mayor significado a tus acciones en relación con las emociones que sientes en lo profundo de tu ser.

Aunque el autodescubrimiento se puede lograr por muchos medios, el uso de tus dones hace que se vuelva más sencillo. La psíquica requiere que estés en sintonía con tu conciencia y tu energía, lo cual es necesario para descubrirte a ti mismo y ser más consciente. Esto te ayudará a tener más confianza en ti mismo porque te conoces realmente y a profundidad.

Por otra parte, al saber un poco más sobre quién eres, podrás descubrir también cuál es tu propósito en el mundo. Cuando sabes estas cosas, te desempeñas con mayor seguridad y con un camino claro. Igualmente podrás evitar obstáculos y personas que intentan afectarte negativamente, pues ahora tendrás la capacidad de saber lo que siente esa persona respecto a ti y, al mismo tiempo, podrás escuchar lo que dicen tus guías espirituales al respecto si se trata de una decisión importante. Así pues, es una forma de validar tus presentimientos e instintos.

. . .

Ayuda a recibir mensajes espirituales

La meditación que tienes que realizar para estar listo y así utilizar tus habilidades psíquicas, es algo que te permite dejar la mente en un estado de paz y tranquilidad.

Ya que el objetivo de la meditación es despertar y mejorar tus habilidades, tienes que calmar tu mente para recibir los mensajes que la energía del universo tiene para ti. Esto es igual de importante si quieres comunicarte con tus guías espirituales. Tienes que entrar en un estado mental adecuado si quieres que la comunicación espiritual funcione de forma adecuada. Recuerda que estos mensajes pueden presentarse como una advertencia, una respuesta sencilla, sensaciones, instrucciones y muchas cosas más.

La meditación te permite eliminar la interferencia y las distracciones para así poder captar los mensajes con mayor facilidad. Necesitas la meditación regular para poder comunicarte con esta energía. Si tu mente es un lugar caótico, no podrás intercambiar información, el mensaje se puede interrumpir o podrías no encontrarle un significado.

Recuerda que tienes que dejar ir tu necesidad por controlarlo todo.

. . .

Practicar la meditación también es una de las formas efectivas para conectar con el espíritu y poder comunicarte con estas fuerzas superiores.

Podrás explorar otras dimensiones

Cuando logres establecer una conexión con los espíritus, te abres a la posibilidad de explorar el reino en el que habitan. Llegar a un estado de conciencia elevada te brinda la oportunidad de explorar lugares a los que no puedes acceder con tu cuerpo físico. Así pues, tu alma llega a rincones del universo y las otras dimensiones donde puedes tener acceso a información importante.

Podrás conocer diferentes fuentes de energía como los ángeles, los maestros expertos y otros guías espirituales, además de poder comunicarte con tus ancestros ya fallecidos.

Ayuda a mejorar tus relaciones personales

Al tener un mejor entendimiento de ti mismo puedes llegar a comunicar con mayor facilidad lo que realmente quieres y necesitas en este mundo. Al mismo tiempo, cuando desarrollas tus habilidades de comunicación psíquica, puedes comunicarte de forma más efectiva con otras personas ya que tienes menos obstáculos cuando entras en sintonía con esa persona.

Todas estas habilidades te ayudan a mejorar y a fomentar tu inteligencia emocional, cosa que es muy útil para las relaciones personales. Además, no es exclusivo para las personas, pues también va a mejorar tu relación con los seres sensibles como las plantas y los animales.

Conclusión

Palabras finales

Existen muchas señales que te pueden indicar si eres un médium innato. Si puedes sentir los cambios de energía de un lugar determinado o si detectas la presencia de otros seres que no son visibles, significa que puedes tener esta habilidad. También puede sentir cambios de temperatura o cambios en la densidad del aire sin una razón aparente. Todo esto significa que puede haber espíritus presentes y los puedes detectar con facilidad.

Otra señal es que puedes ver imágenes o escuchar mensajes sin tener físicamente cerca el origen de estos.

. . .

Otra señal es ver cosas en la periferia de tu mirada que otras personas pueden considerar sombras o trucos de la mente. Significa que tu mente está detectando anomalías a las que la mente no le presta mucha atención. Pero todo esto significa que tienes mayor facilidad para comunicarte con el mundo espiritual.

Por supuesto, todos estos mensajes tienen el propósito de ayudarte a ti, al igual de las personas que están cerca, ya que los espíritus suelen querer lo mejor para sus seres amados que todavía siguen vivos.

Si te dedicas a fortalecer tus habilidades de mediumnidad, podrás ayudar a más personas, ya sea que las conozcas o no. Puedes meditar para mejorar tus habilidades y realizar los rituales adecuados para comunicarte con los seres espirituales. Recuerda que siempre puedes pedir ayuda a los espíritus para que te permitan comprender el mensaje y comunicárselo a las personas que lo necesitan escuchar.

Cualquier médium tendrá al menos un guía espiritual con el que se comunica y relaciona. Recuerda conversar frecuentemente con tu guía espiritual para crear una mejor relación.

Platica de las cosas que piensas y de lo que te ocurre en el día, ni importa que tan ridículo parezca. También puedes hacerle preguntas y luego poner atención a la respuesta que te brinda.

. . .

La comunicación con los espíritus no siempre debe ser sobre tu trabajo como médium o en relación con un cliente, a veces simplemente puedes platicar con tu guía espiritual. Eso te dará una sensación de compañía, amor y apoyo. No olvides preguntar su nombre y cosas sobre su identidad.

Lo más importante a recordar respecto a la mediumnidad es que se trata de una misión de empatía y comprensión con el objetivo de ayudar a otras personas a encontrar las respuestas que necesitan.

www.ingramcontent.com/pod-product-compliance
Lightning Source LLC
LaVergne TN
LVHW011706060526
838200LV00051B/2778